Das neue Deutschmobil 3

Lehrwerk für Kinder und Jugendliche

Wörterheft

Jutta Douvitsas-Gamst
Sigrid Xanthos-Kretzschmer
Eleftherios Xanthos

Ernst Klett Sprachen
Stuttgart

Das neue Deutschmobil 3
Lehrwerk für Kinder und Jugendliche
Wörterheft

Abkürzungen und Symbole:
österr.	Das Wort kommt aus dem Österreichischen.
schweiz.	Das Wort kommt aus dem Schweizerischen.
Pl.	Das Wort verwendet man (in diesem Kontext) nur im Plural.
+ A	Hier folgt ein Wort im Akkusativ.
+ D	Hier folgt ein Wort im Dativ.
+ G	Hier folgt ein Wort im Genitiv.
▶	Die Verbform findest du in der Liste im Anhang (S. 70/71).

Autoren: Jutta Douvitsas-Gamst, Müllrose; Sigrid Xanthos-Kretzschmer, Athen

1. Auflage   1 7 6 | 2012

Alle Drucke dieser Auflage können nebeneinander benutzt werden, sie sind untereinander unverändert. Die letzte Zahl bezeichnet das Jahr des Druckes.

© Ernst Klett Sprachen GmbH, 2005
Alle Rechte vorbehalten.

Das Werk und seine Teile sind urheberrechtlich geschützt. Jede Nutzung in anderen als den gesetzlich zugelassenen Fällen bedarf der vorherigen schriftlichen Einwilligung des Verlages. Hinweis zu § 52 a UrhG: Weder das Werk noch seine Teile dürfen ohne eine solche Einwilligung eingescannt und in ein Netzwerk eingestellt werden. Dies gilt auch für Intranets von Schulen und sonstigen Bildungseinrichtungen.

Nach der neuen Rechtschreibung (Stand: August 2006)

Internet: www.klett.de

Redaktion: Kerstin Klingelhöfer
Layout: Andreas Kunz
Illustrationen: Eleftherios Xanthos, Athen
Satz: Regina Krawatzki, Stuttgart
Druck: Druckerei A. Plenk KG, Berchtesgaden • Printed in Germany

ISBN: 978-3-12-676143-7

Inhaltsverzeichnis

L1	Mensch, Natur und Technik	Seite 4
L2	Gesunde Ernährung	Seite 10
L3	Wie Lernen funktioniert	Seite 14
L4	Umweltaktionen	Seite 19
L5	Nationalpark Wattenmeer	Seite 24
L6	Medien	Seite 29
L7	Berufswünsche	Seite 35
L8	Kleidung und Einkaufen	Seite 41
L9	Umwelt und Verkehr	Seite 46
L10	Miteinander lernen	Seite 51
L11	Zusammenleben	Seite 55
L12	Jugend- und Hilfsorganisationen	Seite 59
L13	Sich begegnen und verstehen	Seite 63
L14	Sprechtraining	Seite 67

Anhang

Unregelmäßige und gemischte Verben .... Seite 70

LEKTION 1

Erfindungen, die die Welt verändert haben

1. **die Erfindung, -en** — Der Computer und das Flugzeug sind Erfindungen.

   verändern — Sie ist anders geworden. Sie hat sich verändert.

   die Impfung, -en — Impfungen schützen vor vielen Krankheiten.

   das Benzin — Das Auto fährt nicht. Hat es kein Benzin mehr?

   der Motor/Motor, -en — Das Auto fährt nicht, weil der Motor kaputt ist.

   der Fotoapparat, -e — Mit einem Fotoapparat kann man Fotos machen.

   der Buchstabe, -n — Das deutsche Alphabet hat 26 Buchstaben.

   die Schrift, -en — Ich kann deine Schrift nicht lesen. Du musst die Buchstaben schöner schreiben.

   das Medikament, -e — Wenn man krank ist, muss man oft Medikamente nehmen.

   die Glühbirne, -n

   die Batterie, -n — Eine Batterie speichert Energie.

   das Jahrtausend, -e — Tausend Jahre sind ein Jahrtausend.

   das Jahrhundert, -e — Hundert Jahre sind ein Jahrhundert.

2. **speichern** — Der Computer speichert Informationen.

   das Fahrzeug, -e — Autos, Busse, Schiffe, … sind Fahrzeuge.

   antreiben ▶ — Der Motor treibt das Auto an.

   die Krankheit, -en — Er ist krank. – Was für eine Krankheit hat er?

   vergrößern — Vergrößern heißt „größer machen".

   die Kommunikation — Wenn man mit jemandem spricht oder jemandem schreibt, ist das Kommunikation.

die **Entf<u>e</u>rnung**, -en	Die Entfernung zwischen Europa und Amerika ist groß.	
das **Z<u>ei</u>chen**, -	Buchstaben sind Zeichen.	
d<u>a</u>rstellen	Wasser stellt man auf der Landkarte blau dar.	
m<u>e</u>ssen ▶	Mit einer Uhr misst man die Zeit.	
die **Energ<u>ie</u>**, -n	Strom ist Energie.	

Erfindungen, die noch gefehlt haben

4a der **Al<u>a</u>rm**, -e — Der Alarm soll vor Dieben schützen.

der **H<u>u</u>bschrauber**, - — Mit einem Hubschrauber kann man fliegen.

die **W<u>aa</u>ge**, -n — Die Waage misst das Gewicht.

4b die **St<u>i</u>mme**, -n — Steffi hat eine laute Stimme. Sie spricht immer sehr laut.

das **L<u>e</u>nkrad**, ¨-er — Ich drehe das Lenkrad nach rechts, weil ich rechts abbiegen will.

das **Gew<u>i</u>cht** — Schwere Sachen haben ein hohes Gewicht.

gl<u>ei</u>chzeitig — Ich kann Hausaufgaben machen und gleichzeitig Musik hören.

der **D<u>ie</u>b**, -e — Ein Dieb nimmt Sachen, die ihm nicht gehören.

verschw<u>i</u>nden ▶ — Das Buch ist weg. Ich finde es nicht mehr. Es ist verschwunden.

erf<u>a</u>hren ▶ — Er hat mir viel erzählt. Ich habe viele neue Sachen erfahren.

Eine Erfindung, über die man streiten kann

5 **m<u>e</u>rken** — Pia hat die Hausaufgaben vergessen, aber der Lehrer hat nichts gemerkt.

die **<u>A</u>hnung** — Ich weiß es nicht. Ich habe keine Ahnung.

die **Prüfung**, -en	Schüler haben oft Prüfungen und bekommen dafür Noten.	
ben**u**tzen	Einen Kuli benutzt man zum Schreiben.	
die **Rechnung**, -en	Wenn man etwas bezahlen muss, bekommt man eine Rechnung.	
unm**ö**glich	Das ist nicht möglich. Es ist unmöglich.	
w**ei**tergehen ▶	Das muss anders werden. Das kann nicht so weitergehen.	
vorschlagen ▶	Tim schlägt seinen Freunden vor, ins Kino zu gehen.	
s**e**lten	Sie gehen nicht oft ins Kino. Sie gehen nur selten.	
wies**o**	Wieso kommt er nicht mit?	
die **SMS**, -	Mit dem Handy kann man telefonieren oder seinen Freunden SMS schicken.	
verspr**e**chen ▶	Ich rufe dich morgen ganz sicher an. Ich verspreche es dir.	
der **Babysitter**, -	Wenn die Eltern weg sind, passt ein Babysitter auf die Kinder auf.	
der **Prospekt**, -e	Prospekte kosten meistens nichts.	
austragen ▶	Ich trage Prospekte aus. So verdiene ich ein bisschen Geld.	

Erfindungen, die aus der Natur kommen

6 die **Million**, -en	1000000	
kop**ie**ren	Kannst du mir bitte die Blätter mit den Aufgaben kopieren?	
vorkommen ▶	Es kommt vor, dass ein Schüler mehr weiß als der Lehrer.	
die **Wissenschaft**, -en	Biologie und Physik sind Wissenschaften.	
verb**i**nden ▶	Verbinde die Sätze mit „weil" oder „denn".	
der **Flügel**, -	Vögel haben Flügel.	

einzeln	Der Lehrer schimpft nicht die ganze Klasse, sondern nur einzelne Schüler.	
der Erfinder, -	Wer etwas erfindet, ist ein Erfinder.	
beweglich	Wenn man etwas bewegen kann, ist es beweglich.	
der Gegenstand, ¨-e	Ein Ball, ein Buch, eine Tasche, … sind Gegenstände.	
erkennen ▶	Wenn es dunkel ist, kann ich die Gegenstände nicht erkennen.	
die Fledermaus, ¨-e		
abgeben ▶	Fledermäuse geben in der Nacht Töne ab.	
treffen auf + A ▶	Die Töne treffen auf Gegenstände.	
im Dunkeln	So wissen die Fledermäuse auch im Dunkeln, wenn sie nichts sehen, wo sie sind.	
das Gerät, -e	Meine Mutter hat in der Küche viele elektrische Geräte.	
senden ▶	Früher hat das Fernsehen nur in Schwarz-Weiß gesendet.	
die Welle, -n	Bei Sturm gibt es auf dem Meer hohe Wellen.	
das Hindernis, -se	Ein Baum auf der Straße ist für Autos ein Hindernis.	
rechtzeitig	Ich bin zu spät gekommen. Ich war nicht rechtzeitig da.	
möglichst	Trink so viel wie möglich! Trink möglichst viel!	
das Material, -ien	Holz, Papier und Leder sind verschiedene Materialien.	
dafür/dafür	Habt Ihr eine Lösung für das Problem? – Ja, wir haben eine Lösung dafür.	
perfekt	Das kann man nicht besser machen. Das ist perfekt.	

haltbar	Frische Milch wird schnell sauer. Sie ist nicht lange haltbar.	
der Kern, -e	Äpfel und Birnen haben im Innern Kerne.	
stabil	Das Innere von einem Snowboard ist stabil. Snowboards haben einen stabilen Kern.	
die Raumfahrt	In der Raumfahrt arbeiten Menschen, die den Weltraum entdecken wollen.	

Erfindungen von Schülern, die Preise bekommen

7 der Wettbewerb, -e	Bei einem Wettbewerb bekommt der Beste einen Preis.	
forschen	Für eine neue Erfindung müssen Erfinder lange forschen.	
experimentieren	Erfinder machen viele Versuche. Sie experimentieren.	
funktionieren	Das Radio funktioniert nicht. Es ist kaputt.	
die Ausnahme, -n	Ist das immer so oder ist das eine Ausnahme?	
nachfragen	Ich bin mir nicht sicher. Ich frage nochmal nach.	
höchstens	In der Klasse sind nicht mehr als 30 Schüler. Es sind höchstens 30 Schüler.	
zu dritt	Ich fahre mit zwei Freundinnen nach Italien. Wir fahren zu dritt.	
der Sprecher, -	Jede Klasse wählt einen Sprecher, der mit den Lehrern über die Probleme der Schüler spricht.	
das Projekt, -e	Die Schüler arbeiten an einem Projekt. Sie organisieren einen Pausenkiosk.	
verantwortlich	Eltern sind für ihre Kinder verantwortlich.	

überl<u>e</u>gen	Ich überlege, ob ich Fußball spielen oder ins Freibad gehen soll.	
w<u>ä</u>hlen	Jede Gruppe kann das Thema für ihr Projekt frei wählen.	
die Chem<u>ie</u>	In Chemie macht man viele Versuche.	
die Inform<u>a</u>tik	In Informatik lernen wir viel über Computer.	
der W<u>o</u>hnort, -e	Ich weiß nicht, wo er wohnt. Sein Wohnort ist mir nicht bekannt.	
die W<u>a</u>hl	Ich habe ein gutes Thema gewählt. Ich bin zufrieden mit meiner Wahl.	
die <u>A</u>nmeldung, -en	Man muss sich für den Wettbewerb anmelden. Ohne Anmeldung kann man nicht teilnehmen.	
das <u>Au</u>sland	Wenn man nicht in seinem Heimatland ist, ist man im Ausland.	
die Zentr<u>a</u>le, -n	Die Zentrale der Europäischen Union sitzt in Brüssel.	
8 n<u>ie</u>drig	Das Regal ist zu hoch für das Zimmer. Wir brauchen ein niedrigeres.	
die F<u>i</u>rma, F<u>i</u>rmen	Es gibt verschiedene Firmen, die Autos produzieren.	
9 digit<u>a</u>l	Für diese Kamera braucht man keinen Film. Das ist eine digitale Kamera.	
10 <u>ü</u>bermorgen	Morgen ist Dienstag. Übermorgen ist Mittwoch.	
die <u>Ei</u>nfahrt, -en	Das Auto steht in der Einfahrt vor der Garage.	
begr<u>ü</u>ßen	Ich möchte Sie alle ganz herzlich zu unserer Veranstaltung begrüßen!	
11 der R<u>o</u>boter, -	Ein Roboter ist eine Maschine, die viele Arbeiten machen kann.	
Comic n<u>a</u>chdenken ▶	Er denkt nach.	

LEKTION 2

Welcher Esstyp bist du?

1	eg**a**l	Es ist mir egal, ob ich einen Apfel oder eine Birne esse.
	die L**a**ngeweile/Langew**ei**le	Der Film war so langweilig, dass ich vor Langeweile geschlafen habe.
	die Nervosit**ä**t	Ich bin vor Prüfungen immer so nervös, dass ich vor Nervosität nicht schlafen kann.
	achten auf + A	Ich esse wenig Fett, weil ich auf meine Gesundheit achte.
	dar**au**f/d**a**rauf	Mir ist meine Gesundheit egal. Deshalb achte ich auch nicht darauf, was ich esse.
	die M**a**hlzeit, -en	Das Frühstück ist eine Mahlzeit.
	(sich) h**i**nsetzen	Wenn du dich hinsetzen möchtest, bringe ich dir einen Stuhl.
	r**u**hig	In den Ferien fahre ich am liebsten an einen ruhigen Ort.
	das Miner**a**lwasser	Mineralwasser verkauft man meistens in Flaschen.
	die Gel**e**genheit, -en	Eine Party ist eine Gelegenheit zum Tanzen.
S. 20	eine R**o**lle spielen	Es ist egal, was es kostet. Geld spielt dabei keine Rolle.
	kr**i**tisch/kr**i**tisch	Die Schüler sind kritisch und stellen viele Fragen.
	die F**i**tness	Er treibt viel Sport. Fitness ist ihm wichtig.
	infr**a**ge kommen ▶	Das geht nicht. Das kommt überhaupt nicht infrage.
2	f**e**tt	Meine Mutter kocht immer sehr fett. Sie benutzt sehr viel Fett zum Kochen.
	die Kalor**ie**, -n	Fett hat viele Kalorien.

Die Ernährungspyramide

3 die **M**e**nge**, -n — Süßigkeiten soll man nur in kleinen Mengen essen. Man soll nur wenig Süßes essen.

die **Margarine** — Margarine ist ein Fett aus Pflanzen.

das **Öl**, -e — Hast du schon Öl und Salz an den Salat getan?

fo**lgen** — Was für ein Lied kommt nach diesem? – Ich weiß nicht, was folgt.

die **N**u**del**, -n — Spagetti sind lange, dünne Nudeln.

vor **a**llem (v.a.) — Ich liebe süße Sachen, vor allem Kuchen.

verdü**nnen** — Kaffee kann man schwarz trinken oder mit Milch verdünnen.

sü**ßen** — Tust du Zucker in deinen Kaffee? – Nein, ich süße meinen Kaffe nicht.

gesü**ßt** — Trinkst du ihn nie gesüßt?

ungesü**ßt** — Nein, Kaffee und Tee trinke ich immer ungesüßt.

r**o**h — Kochst du das Gemüse? – Nein, ich esse es roh.

br**a**ten ▶ — Isst du Fleisch auch roh? – Nein, das brate ich.

m**a**ger — Fleisch mit wenig Fett ist mageres Fleisch.

ungesund — Fettes Fleisch ist nicht gesund. Es ist ungesund.

Weißt du, woher die Kartoffel kommt?

4a ex**o**tisch — Für Deutsche ist das Essen in Indien exotisch.

S**ü**dam**e**rika — Die Inkas lebten in Südamerika.

der **Atl**a**ntik** — Zwischen Amerika und Europa ist der Atlantik.

der **P**i**lz**, -e — Im Wald gibt es viele Pilze.

entste**hen** ▶ — Wie ist die Erde entstanden?

nahrhaft	Reis ist nahrhaft, weil er viele Nährstoffe hat.	
pfl**a**nzen	Oma pflanzt ihre Blumen immer in bunte Töpfe.	
s**a**tt	Wer genug gegessen hat, ist satt.	
H**u**nger leiden ▶	Wer nichts zu essen hat, leidet Hunger.	
g**i**ftig	Einige Pilze sind giftig.	
essbar	Giftige Pilze sind nicht essbar.	
m**i**sstrauisch	Ich glaube nicht, was er sagt. Ich bin misstrauisch.	
vers**u**chen	Das kleine Kind versucht zu laufen.	
der Sold**a**t, -en	Mit Soldaten führt man Kriege.	
bew**a**chen	Die Polizei bewacht wichtige Gebäude.	
w**e**rtvoll	Gold ist sehr wertvoll.	
st**e**hlen ▶	Diebe stehlen Sachen, die ihnen nicht gehören.	
das G**i**ft, -e	Durch Gift kann man sterben.	
4b der K**o**ntinent, -e	Europa und Afrika sind Kontinente.	

Wir backen Kartoffelpizza

5 die Z**u**tat, -en	Die Zutaten für die Pizza stehen auf dem Rezept.	
die Zw**ie**bel, -n	Ich mag keine Zwiebeln auf der Pizza.	
das Kr**au**t, ¨-er	In unserem Garten sind viele Kräuter.	
sch**ä**len	Schälst du bitte die Kartoffeln?	
schn**ei**den ▶	Schneidest du bitte die Pizza?	
abkühlen	Die Suppe ist zu heiß. Sie muss noch abkühlen.	
serv**ie**ren	In Restaurants serviert man das Essen.	

Auf der Internationalen Grünen Woche in Berlin

6 das **Lebensmittel**, -   Lebensmittel kann man im Supermarkt kaufen.

   vorstellen   Heute stelle ich meinen Eltern meine Freundin vor.

Die Mahlzeiten bei Familie Krüger

7 die **Ka**nne, -n   Ist in dieser Kanne Kaffee? – Nein, das ist Tee.

   das **Mü**sli, -s   Viele Deutsche essen zum Frühstück Müsli.

   das **Mi**ttagessen, -   Bei uns gibt es um 13.00 Uhr Mittagessen.

   die **Schü**ssel, -n   Müsli isst man aus der Schüssel.

   die **Ga**bel, -n   Beim Essen benutzten wir Messer und Gabel.

   das **A**bendessen, -   Wann gibt es bei euch zu Hause Abendessen?

   das **A**bendbrot   Abendbrot gibt es bei uns immer um 19.00 Uhr.

8 zu **Mi**ttag/**A**bend essen   Wir essen um 13.00 Uhr zu Mittag und um 19.00 Uhr zu Abend.

10a der **Gewi**nn, -e   Der Firma geht es schlecht. Sie macht keinen Gewinn mehr.

10b die **Sa**hne   Sahne stellt man aus Milch her.

   der **Hi**mmel   Das Wetter ist schön. Der Himmel ist blau und die Sonne scheint.

   der **Beri**cht, -e   In der Zeitung findet man Berichte über andere Länder.

   das **Gefü**hl, -e   Liebe ist ein Gefühl.

Comic **au**sstellen   Der Maler stellt seine Bilder auf einer Kunstaustellung aus.

   winzig   Wenn etwas sehr klein ist, ist es winzig.

LEKTION 3

Wie ist das bei dir mit dem Deutschlernen?

1. **schwerfallen** ▶ — Mathe fällt mir schwer. Ich hatte schon immer Probleme in Mathe.

   leichtfallen ▶ — In Deutsch und Englisch bin ich gut. Sprachenlernen fällt mir leicht.

   der **Wortschatz**, ¨-e — Ich kenne viele Wörter. Ich habe einen großen Wortschatz.

   behalten ▶ — Du musst nicht den ganzen Wortschatz behalten.

   unwichtig — Unwichtige Wörter musst du nicht lernen.

   ansehen ▶ — Ich sehe mir gern Filme an.

Lerntipps

2. **sinnvoll** — Es ist sinnvoll, vor einer Prüfung zu lernen.

   der **Sauerstoff** — Der Mensch braucht Sauerstoff zum Atmen.

   die **Portion**, -en — Im Restaurant bekommt man das Essen in Portionen.

   aufteilen — Er teilt die Schokolade unter den Kindern auf.

   effektiv — Der Schüler lernt viel in kurzer Zeit. Er lernt sehr effektiv.

   schriftlich — In einer schriftlichen Prüfung muss man die Antworten und Lösungen aufschreiben.

   hintereinander — Die Schüler hatten zwei Prüfungen hintereinander. Zuerst in Geschichte und dann in Deutsch.

   mündlich — In einer mündlichen Prüfung muss man nicht schreiben. Man spricht mit dem Lehrer.

   abwechseln — Tag und Nacht wechseln sich ab.

   die **Fremdsprache**, -n — Für Spanier ist Deutsch eine Fremdsprache.

nacheinander	Die Besucher kommen nacheinander aus dem Kino.	
verwechseln	Zwillinge kann man leicht verwechseln.	
verteilen	Der Lehrer verteilt die Tests an die Schüler.	
wiederholen	Er muss die Klasse wiederholen, weil seine Noten schlecht sind.	
herausfinden ▶	Ich sag dir nicht, wie das funktioniert. Das musst du selbst herausfinden.	
(sich) gewöhnen an + A	Ich gewöhne mich schnell an ein anderes Klima.	
vermeiden ▶	Ich streite nicht gern. Ich versuche immer, Streit zu vermeiden.	
3 der Schulweg, -e	Der Weg von zu Hause zur Schule ist der Schulweg.	
4 sich merken	Ich kann mir die Vokabeln nicht merken.	
tun ▶	Was soll ich tun?	

Was Schüler machen, um Vokabeln zu lernen

5a um … zu	Ich dusche morgens, um schneller wach zu werden.	
aufnehmen ▶	Er nimmt den Film auf Video auf.	
aufhängen	Mama hängt die Wäsche auf.	
5b der Kassettenrekorder, -		
anhören	Hast du die Kassette schon angehört?	
der Dialog, -e	Wenn sich zwei Menschen unterhalten, sind sie im Dialog.	
5c die Methode, -n	Das Wörternetz ist eine Methode, um Vokabeln zu lernen.	
nützlich	Es ist nützlich, Methoden zum Wörterlernen zu kennen.	
geeignet	Nicht jede Methode ist für jeden geeignet.	

brauchbar	Das alte Fahrrad ist noch brauchbar.	
damit	Ich schreibe es dir auf, damit du es nicht vergisst.	
das Diktat, -e	Der Lehrer liest das Diktat vor und die Schüler schreiben.	
die Aussprache, -n	Ich kann die Wörter nicht richtig aussprechen. Meine Aussprache ist schlecht.	

Das segelnde Klassenzimmer

6 -jährig	Dreijährige Kinder dürfen noch nicht in die Schule.	
verbringen ▶	Wir verbringen unsere Ferien immer in Österreich.	
vierwöchig	Er fährt vier Wochen weg. Er macht eine vierwöchige Reise.	
rund um ...	Das Schiff fährt rund um die Insel.	
Großbritannien	Großbritannien liegt nördlich von Frankreich.	
die Pflicht, -en	Das musst du machen. Das ist deine Pflicht.	
die Versammlung, -en	Bei einer Versammlung treffen sich viele Menschen.	
entscheiden ▶	Du musst selbst entscheiden, ob du mitkommst oder nicht.	
übernehmen ▶	Ich habe die Aufgabe übernommen, die Reise zu organisieren.	
das Ruder, -		
bedienen	Auf dem Schiff bedient der Kapitän bei Sturm das Ruder.	
Wache halten ▶	Die Polizisten halten vor dem Gebäude Wache.	
die Reparatur, -en	Wer etwas repariert, macht eine Reparatur.	

die **Kab<u>i</u>ne**, -n	Die Zimmer auf einem Schiff heißen Kabinen.	
das **T<u>a</u>gebuch**, ¨-er	Katja schreibt jeden Tag in ihr Tagebuch.	
verl<u>a</u>ngen von + D	Der Trainer verlangt viel von den Sportlern.	
die **D<u>au</u>er**	Die Dauer des Fußballspiels betrug 100 Minuten.	

7 der **Kn<u>o</u>ten**, - Seile kann man mit Knoten verbinden.

die **Schw<u>i</u>mmweste**, -n

der **<u>A</u>nker**, -

der **R<u>e</u>ttungsring**, -e

der **K<u>o</u>mpass**, -e

best<u>i</u>mmen	Mit einem Kompass bestimmt man die Himmelsrichtung.	
die **H<u>i</u>mmelsrichtung**, -en	Norden, Süden, Osten und Westen sind Himmelsrichtungen.	
die **S<u>ee</u>not**	Das Schiff war in Seenot, weil das Ruder kaputt war.	
st<u>eu</u>ern	Man konnte das Schiff nicht mehr steuern.	
ertr<u>i</u>nken ▶	Wer nicht schwimmen kann, kann leicht ertrinken.	
n<u>a</u>ss	Nach dem Regen war ich ganz nass.	
woz<u>u</u>	Wozu braucht man das?	

Lernen mit Kopf, Herz und Hand

8 das **H<u>e</u>rz**, -en

die **Gem<u>ei</u>nschaft**, -en Eine Klasse ist eine Gemeinschaft von Schülern.

vorher	Ich koche heute Abend, aber vorher muss ich noch einkaufen.	
sich halten an + A ▶	In der Schule gibt es Regeln, an die sich alle halten müssen.	
markieren	Die Schüler markieren alle Verben im Text.	
unterstützen	Die Mutter unterstützt ihren Sohn bei den Hausaufgaben.	
gegenseitig	Beim Segeln unterstützen sich alle gegenseitig.	
der Mond	In der Nacht scheint der Mond.	
der Stern, -e	Nachts kann man Sterne am Himmel sehen.	
verbessern	Ich lerne viel, weil ich meine Noten verbessern will.	
die Sprachreise, -n	Ich mache eine Sprachreise nach Ungarn, um Ungarisch zu lernen.	
die Rücksicht	Er denkt nur an sich und nimmt keine Rücksicht auf andere.	
die Disziplin	Nils ist faul. Er hat keine Disziplin.	
bestehen ▶	Hast du die Prüfung bestanden?	
behandeln	Ein Arzt behandelt Krankheiten.	
9 das Gedächtnis	Janina kann sich alles merken. Sie hat ein gutes Gedächtnis.	
die Lust	Ich will nicht zu Peters Party gehen. Ich habe keine Lust.	
planen	Die Schüler planen ein Projekt.	
die Zigarette, -n	Zigaretten sind sehr ungesund.	
10 einhalten ▶	Alle müssen sich an die Regeln halten. Jeder muss sie einhalten.	
feststellen	Ich habe festgestellt, dass das ganze Geschirr schmutzig ist.	
Comic abwaschen ▶	Dann musst du es abwaschen.	
sich erholen	In den Ferien kann man sich von der Arbeit erholen.	

LEKTION 4

Wir tun was für den Umweltschutz

1	der **U**mweltschutz	Zum Umweltschutz gehört der Schutz von Pflanzen und Tieren.
	ders**e**lbe, dass**e**lbe, dies**e**lbe	Morgens sitze ich im Bus immer auf demselben Platz.
	die Katastr**o**phe, -n	Ein starkes Erdbeben ist eine Naturkatastrophe.
	die **U**mwelt	Zur Umwelt gehört die ganze Natur.
	(an)st**a**tt	Ich mag keinen Kaffee. Deshalb trinke ich Tee statt Kaffee.
	verschm**u**tzen	Manchmal verschmutzen Schiffe die Meere mit Öl.
	zerst**ö**ren	Erdbeben können Städte und Dörfer zerstören.
	der **A**bfall, ¨-e	Ich werfe den Abfall in den Mülleimer.
	der M**ü**lleimer, -	Der Mülleimer ist voll mit Abfall.
	der S**o**ndermüll	Batterien, Farben und Giftstoffe kommen in den Sondermüll.
	der H**au**smüll	Wir werfen zu Hause fast alles in den Hausmüll.
	die Pf**a**ndflasche, -n	Wenn man eine leere Pfandflasche wieder ins Geschäft bringt, bekommt man Geld zurück.
	das Pf**a**nd	Dieses Geld nennt man Pfand.
	verw**e**nden ▶	Wir verwenden fast nur Pfandflaschen.
	die **Ei**nwegflasche, -n	Einwegflaschen kommen in den Müll.
	der M**ü**ll	Müll ist Abfall.
	die Verp**a**ckung, -en	Viele Nahrungsmittel kauft man in einer Verpackung.
	das **A**ltpapier	Alte Zeitungen, Papier und Pappe, die man nicht mehr braucht, kommen ins Altpapier.

recyceln	Papier kann man recyceln. Man kann aus Altpapier wieder Papier machen.	
verschwenden	Wir wollen nicht mehr so viel Energie verschwenden.	
ausschalten	Deshalb schalten wir immer alle elektrischen Geräte aus.	
schließen ▶	Kannst du bitte das Fenster schließen? Mir ist kalt.	
der Beton	Beton ist ein festes Material, aus dem man Teile von Gebäuden machen kann.	
das Lebewesen, -	Menschen, Tiere und Pflanzen sind Lebewesen.	
erhalten ▶	Das alte Haus ist wunderschön. Wir müssen es erhalten.	

2
das Leitungswasser	Aus dem Wasserhahn kommt Leitungswasser.	
öffentlich	Die Bahn ist ein öffentliches Verkehrsmittel.	
das Verkehrsmittel, -	Öffentliche Verkehrsmittel darf jeder benutzen.	
der Gebrauch	Im Flugzeug ist der Gebrauch von Handys verboten.	

E-Team-Projekt an Heidelberger Schulen

3
sparsam	Wer nicht viel Geld ausgibt, ist sparsam.	
bestehen aus + D ▶	Dieser Salat besteht nur aus Tomaten und Gurken.	
untersuchen	Der Arzt untersucht das kranke Kind.	
der Verbrauch	Beim Baden verbraucht man mehr Wasser als beim Duschen. Der Wasserverbrauch ist beim Baden höher.	
entwickeln	Der Erfinder hat ein neues Gerät entwickelt.	

sch**u**lfrei	Heute müssen die Kinder nicht in die Schule. Sie haben schulfrei.	
ber**a**ten ▶	Ärzte beraten kranke Menschen.	
bes**o**rgen	Wir haben keine Milch mehr. Kannst du Milch besorgen?	
der Kont**a**kt, -e	Wir sehen uns oft und telefonieren viel. Wir haben viel Kontakt.	
verbr**au**chen	Die Waschmaschine verbraucht viel Wasser und Strom.	
der Erf**o**lg, -e	Wer immer gute Noten hat, hat Erfolg in der Schule.	
insges**a**mt/**i**nsgesamt	Wir sind insgesamt 30 Schüler in der Klasse.	
das Sch**u**ljahr, -e	Nach den Sommerferien beginnt ein neues Schuljahr.	
die K**o**sten (Pl.)	Die Kosten für die Klassenfahrt betragen 150 Euro.	
alternat**i**v	Mit Windrädern kann man alternative Energie produzieren.	
4 s**o**rgen für + A	Unsere Eltern haben immer gut für uns gesorgt.	
das **E**rdöl	Benzin macht man aus Erdöl.	
das **E**rdgas	Aus Erdöl und Erdgas kann man Energie gewinnen.	
das Sch**u**lgebäude, -	In der Pause sollen die Schüler auf den Schulhof gehen und nicht im Schulgebäude bleiben.	

Europäische Nacht der Fledermäuse

5a die Akti**o**n, -en	Die Europäische Nacht der Fledermäuse ist eine Aktion zum Schutz von Fledermäusen.	
der **U**mweltschützer, -	Ein Umweltschützer ist jemand, der aktiv die Umwelt schützt.	
die **U**nterkunft, ¨-e	Hotels und Jugendherbergen sind Unterkünfte.	

stören	Meine Mutter möchte in Ruhe lesen. Wir dürfen sie nicht stören.	
tagsüber	Mein Vater ist tagsüber im Büro. Er kommt immer erst abends nach Hause.	
frieren ▶	Als im Winter die Heizung kaputt war, habe ich furchtbar gefroren.	
die Art, -en	Es gibt viele Arten von Pflanzen und Tieren.	
das Insekt, -en	Fliegen und Mücken sind Insekten.	
aussterben ▶	Es gibt immer weniger Fledermäuse. Sie sterben aus.	
bedrohen	Fledermäuse sind vom Aussterben bedroht.	
der Doktor, -en	Kleine Kinder sagen zum Arzt oft Doktor.	
die Live-Übertragung, -en	Ich war nicht auf dem Konzert, aber ich habe im Fernsehen die Live-Übertragung gesehen.	
die Abschlussparty, -s	Am Ende des Schuljahrs macht die Klasse eine Abschlussparty.	
der Zeitpunkt, -e	Um 8.00 Uhr beginnt die Schule. Zu diesem Zeitpunkt müssen alle Schüler im Klassenzimmer sein.	
5b das Gebiet, -e	In diesem Gebiet darf man keine Häuser bauen. Es ist ein Naturschutz-Gebiet.	
riesig	Wenn etwas sehr groß ist, ist es riesig.	
der Bildschirm, -e	Fernseher und Computer haben einen Bildschirm.	
das Signal, -e	Autofahrer können mit der Hupe ein Signal geben.	

Was Jugendliche zum Schutz der Umwelt wichtig finden

6a **trennen**	Sind Nina und Alex noch ein Paar? – Nein, sie haben sich getrennt.	
das **Umweltpapier**	Umweltpapier ist Papier, das man recycelt hat.	
die **Stereoanlage**, -n	Das ist kein Kassettenrekorder, das ist eine Stereoanlage!	
das **Umweltzeichen**, -	Produkte mit einem Umweltzeichen sind nicht gefährlich für die Umwelt.	
die **Organisation**, -en	Greenpeace ist eine Umweltschutzorganisation.	
drucken	Er druckt seine Briefe immer auf Umweltpapier.	
wegwerfen ▶	Hast du den Zettel weggeworfen? – Ja, er ist im Müll.	
die **Mühe**, -n	Streng dich mal ein bisschen mehr an. Du musst dir ein bisschen mehr Mühe geben.	
6b die **Mehrheit**	Bei 100 Leuten sind 60 Personen die Mehrheit.	
das **Drittel**, -	⅓	
das **Fünftel**, -	⅕	
7 das **Gas**, -e	Unser Ofen funktioniert mit Gas.	
8 **unglaublich**	Das kann ich nicht glauben. Das ist ja unglaublich!	
ungern	Räumst du gern auf? – Nein, das mache ich nur ungern.	
ungemütlich	Ist die Wohnung gemütlich? – Nein, sie ist total ungemütlich.	

ohne ... zu	Kannst du sprechen, ohne den Mund aufzumachen?
ohne dass	Nein, aber ich kann den Mund aufmachen, ohne dass du es siehst.

LEKTION 5

Das Wattenmeer, eine Wildnis in Europa

1	die **Wi̱ldnis**	Wildnis ist Natur, die der Mensch nicht verändert hat.
	die **Fläche**, -n	Deutschland hat eine Fläche von etwa 357 000 km².
	die **Rei̱nigung**, -en	Das ist sehr schmutzig. Die Reinigung wird schwierig.
	rei̱nigen	Ich weiß nicht, ob man das reinigen kann.
	fi̱ltern	Um Wasser zu reinigen, muss man es filtern.
	der **Tei̱l**, -e	Das Wattenmeer ist ein Teil der Nordsee.
	die **E̱bbe**	Bei Ebbe geht das Wasser weg.
	der **Bo̱den**, ¨-	Wenn das Wasser weg ist, sieht man den Meeresboden.
	das **Watt**	Wenn das Wasser weg ist, kann man das Watt sehen.
	die **Flu̱t**	Bei Flut kommt das Wasser wieder zurück.
	bede̱cken	Bei Flut bedeckt das Wasser das Watt.
	gehö̱ren zu + D	Bei Ebbe gehört das Wattenmeer zum Land.
	der **Kre̱bs**, -e	Der Krebs lebt im Wasser.
	der **Wu̱rm**, ¨-er	Vögel fressen Würmer.
	die **Na̱hrung**	Würmer sind die Nahrung von Vögeln.
	sich ernä̱hren von + D	Vögel ernähren sich von Würmern.
	daru̱m/da̱rum	Er ist mein Freund. Darum helfe ich ihm.
	ei̱nzig	Er ist nicht mein einziger Freund. Ich habe viele Freunde.
	das **Sä̱ugetier**, -e	Der Wal ist kein Fisch, sondern ein Säugetier.
	der **Sa̱nd**	Am Strand und auf dem Meeresboden gibt es viel Sand.

die **L**a**ndschaft**, -en	Die Landschaft an der Küste ist sehr schön.	
2a das **Nat**u**rschutzgebiet**, -e	In einem Naturschutzgebiet darf der Mensch nichts verändern.	
2b wor**a**n	Woran denkst du? – Ich denke ans Mittagessen.	
wor**au**f	Worauf wartest du? – Ich warte auf meine Freundin.	
wor**au**s	Woraus besteht dieses Material? – Es besteht aus Papier und Klebstoff.	
wof**ü**r	Wofür brauchst du den Anzug? – Den brauche ich für die Arbeit.	
won**a**ch	Wonach jagen Robben? – Sie jagen nach Fischen.	
wov**o**n	Wovon hast du geträumt? – Ich habe von dir geträumt.	

Ferien an der Nordsee

3a der **Spaz**ie**rgang**, ¨-e	Wer spazieren geht, macht einen Spaziergang.	
rie**chen** nach + D ▶	Meine Mutter hat gekocht. Im ganzen Haus riecht es nach leckerem Essen.	
der **U**r**lauber**, -	Wer in die Ferien fährt, ist ein Urlauber.	
(sich) er**i**nnern an + A	Ich kann mich gut an ihn erinnern. Ich weiß noch genau, wie er aussieht.	
3b wom**i**t	Womit soll ich das Auto reparieren? – Mit dem Werkzeug in der Garage.	
dar**a**n/d**a**ran	Kannst du dich noch an den Unfall erinnern? – Nein, daran kann ich mich nicht erinnern.	
dar**ü**ber/d**a**rüber	Über was denkst du nach? – Ich denke darüber nach, was wir am Wochenende machen können.	
4 w**ä**hrend	Während Ebbe ist, kann man nicht baden.	

L5

der **See**hund, -e	Seehunde gehören zu den Robben.	
sich **au**sruhen	Wer müde ist, muss sich ausruhen und schlafen.	
verl**a**ssen ▶	Bei Gefahr verlassen Robbenmütter ihre Babys.	
t**a**gelang	Was viele Tage dauert, dauert tagelang.	
der T**ie**rschützer, -	Tierschützer sorgen dafür, dass Tiere ein besseres Leben haben.	
vorb**ei**	Wenn der Winter vorbei ist, kommt der Frühling.	
die H**au**t	Der Mensch muss seine Haut vor der Sonne schützen.	

In der Seehund-Aufzuchtstation

5 h**i**lflos	Babys können sich nicht selbst helfen. Sie sind hilflos.	
der F**i**scher, -	Ein Fischer fährt früh morgens aufs Meer, um Fische zu fangen.	

Unsere Nordsee – lasst sie leben!

6a die Kommiss**io**n, -en	Eine Kommission ist eine Gruppe von Leuten, die eine bestimmte Aufgabe hat.	
die Z**o**ne, -n	In unserer Stadt gibt es eine Zone, in der keine Autos fahren dürfen.	
w**a**chsen ▶	Auf diesem Boden wachsen nur wenige Pflanzen.	
die D**ü**ne, -n	Dünen sind kleine Berge am Strand.	
d**ie**nen	Für was ist das nützlich? – Ich weiß auch nicht, wozu das dient.	
der Tour**i**smus	Dieses Land lebt vom Tourismus. Hier sind immer viele Urlauber.	

das **A̱bwasser**, ¨-	Abwasser ist sehr schmutziges Wasser.
u̱ngefiltert	Hast du das Wasser gefiltert? – Nein, das ist ungefiltertes Wasser.
der **Ha̱ushalt**, -e	Wer zusammen wohnt, hat einen gemeinsamen Haushalt.
die **Industrie̱**, -n	In der Industrie werden mit Maschinen verschiedene Dinge hergestellt.
inzwi̱schen	Früher fuhren die Leute mit Kutschen. Inzwischen gibt es Autos.
das **Gese̱tz**, -e	Gesetze bestimmen, was man tun darf und was nicht.
das **Gewa̱sser**, -	Flüsse sind fließende Gewässer, Seen sind stehende Gewässer.
die **La̱ndwirtschaft**	Peter ist Bauer. Er arbeitet in der Landwirtschaft.
scha̱den	Die Abwässer in der Nordsee schaden den Fischen.
das **A̱bgas**, -e	Abgase sind giftig und schaden den Menschen.
ha̱ü̱fig	Passiert das oft? – Ja, das passiert häufig.
veru̱rsachen	Abgase können Krankheiten verursachen.
bedeu̱ten	Der Lärm von den Windrädern bedeutet Stress für die Tiere.
die **Gru̱ndlage**, -n	Wasser ist die Grundlage für Leben. Ohne Wasser gibt es kein Leben.
u̱ngestört	Du darfst Papa nicht bei der Arbeit stören. Er will ungestört arbeiten.
sich verle̱tzen an + D	Toni hat sich an einem kaputten Glas verletzt.

6b der **Transport**, -e	Beim Transport von Öl auf Schiffen passieren manchmal Unfälle.	
die **Verschmutzung**, -en	Abgase von Autos verschmutzen die Luft. In Städten ist die Luftverschmutzung hoch.	
der **Schaden**, ¨-	Erdbeben können große Schäden verursachen.	
6c **schuld sein** an + D ▶	Die Industrie ist schuld an der Verschmutzung der Meere.	
das **Medium**, Medien	Zeitungen und das Fernsehen sind Medien.	
kämpfen für + A	Tierschützer kämpfen dafür, dass Tiere ein besseres Leben haben.	
führen zu + D	Fehler beim Autofahren können zu Unfällen führen.	
7a die **Reporterin**, -nen	Eine Reporterin arbeitet für die Medien.	
Comic der **Stock**, ¨-e	Opa braucht zum Gehen einen Stock aus Holz.	
die **Sicherheit**	Im Fußballstadion sorgt die Polizei für Sicherheit.	
von weitem	Der Stock ist sehr lang. Man kann ihn auch von weitem sehen.	

LEKTION 6

Im Fernsehstudio

1a	der **Sch<u>au</u>spieler**, -	Beim Theater und beim Fernsehen arbeiten viele Schauspieler.
	der **Stuntman**, -men	Stuntmen übernehmen gefährliche Aufgaben für die Schauspieler.
	der **L<u>i</u>chttechniker**, -	Lichttechniker beleuchten die Bühne.
	der **Regisseur**, -e	Der Regisseur ist verantwortlich für die Theaterproduktion.
	der **T<u>o</u>ntechniker**, -	Der Tontechniker nimmt den Ton auf.
	der **K<u>a</u>meramann**, ¨-er/-leute	
	f<u>i</u>lmen	Er filmt die Szenen.
	die **Sz<u>e</u>ne**, -n	Ein Film besteht aus vielen Szenen.
	die **R<u>o</u>lle**, -n	Ein Schauspieler muss verschiedene Rollen spielen können.
	die **Kommiss<u>a</u>rin**, -nen	Eine Kommissarin arbeitet bei der Polizei.
	ers<u>e</u>tzen	Stuntmen ersetzen Schauspieler bei gefährlichen Szenen.
	l<u>ei</u>ten	Der Regisseur leitet die Dreharbeiten.
	die **Dr<u>e</u>harbeiten** (Pl.)	Das Drehen eines Films nennt man Dreharbeiten.
	bel<u>eu</u>chten	Lampen geben Licht und beleuchten den Raum.
1b	der **B<u>ü</u>hnenbildner**, -	Der Bühnenbildner plant, wie die Bühne aussehen soll.
	der **Kost<u>ü</u>mbildner**, -	Der Kostümbildner ist für die Kostüme verantwortlich.
	der **M<u>a</u>skenbildner**, -	Maskenbildner schminken die Schauspieler.
	der **Produz<u>e</u>nt**, -en	Der Produzent bezahlt die Filmproduktion.
	finanz<u>ie</u>ren	Der Produzent finanziert die Filmproduktion.

das **Dr<u>e</u>hbuch**, ¨-er	Das Drehbuch wird von einem Drehbuchautor geschrieben.	
die **Kul<u>i</u>sse**, -n	Auf einer Theaterbühne braucht man eine Kulisse.	
entw<u>e</u>rfen ▶	Die Kulisse wird vom Bühnenbildner entworfen.	

Kommissar Rex

2 die **F<u>e</u>rnsehserie**, -n	Eine Fernsehserie besteht aus mehreren Folgen.	
die **F<u>o</u>lge**, -n	Ich habe leider nicht alle Folgen von meiner Lieblingsserie gesehen.	
der **Z<u>u</u>schauer**, -	Im Theater sitzen viele Zuschauer.	
der **F<u>e</u>rnsehsender**, -	MTV ist ein Fernsehsender, der nur Musik sendet.	
bel<u>o</u>hnen	Wenn der Hund alles richtig macht, wird er von seinem Trainer mit einer Wurst belohnt.	
ver<u>ö</u>ffentlichen	In Zeitungen werden Informationen veröffentlicht.	
übers<u>e</u>tzen	Übersetze diesen Satz bitte vom Deutschen in deine Sprache.	

Deutschlands Lieblingssendungen

3 **j<u>e</u>**	In jeder Gruppe sind zehn Personen. Es sind Gruppen zu je zehn Personen.	
die **N<u>a</u>chricht**, -en	In den Nachrichten erfährt man, was am Tag passiert ist.	
die **Polit<u>i</u>k**	Die Nachrichten informieren nicht nur über Politik.	
die **W<u>i</u>rtschaft**	Sie informieren auch über Wirtschaft und andere Dinge.	
die **Qu<u>i</u>zshow**, -s	In einer Quizshow muss auf Fragen geantwortet werden.	
der **<u>A</u>benteuerfilm**, -e	Ein Abenteuerfilm erzählt von einem spannenden Erlebnis.	

der **Ho**rrorfilm, -e	Horrorfilme sollen den Menschen Angst machen.	
der **Vi**deoclip, -s	Ein Videoclip ist ein kurzer Film zu einem Musikstück.	
die **Ta**lkshow, -s	Eine Talkshow zeigt, wie sich die eingeladenen Gäste unterhalten.	
die Sta**ti**stik, -en	Hier ist eine Statistik über die Lieblingssendungen der Deutschen.	
vorziehen ▶	Ich mag Krimis lieber als Talkshows. Ich ziehe Krimis vor.	
mancher, **ma**nches, **ma**nche	Ich mag nicht alle Serien, aber manche finde ich ganz gut.	
überr**a**schen	Es überrascht mich, dass so viele Leute Krimis schauen.	

Internet-Lexikon

4a der M**o**nitor, -en	Der Bildschirm heißt auch Monitor.	
elektr**o**nisch	Eine E-Mail ist ein elektronischer Brief.	
die Dat**ei**, -en	Ich speichere alle Texte in der gleichen Datei.	
versch**i**cken	E-Mails werden über das Internet verschickt.	
der **Lau**tsprecher, -	Die Musik hört man über Lautsprecher.	
das K**a**bel, -	Computer und Bildschirm sind mit einem Kabel verbunden.	
der Z**ei**ger, -	Digitale Uhren haben keine Zeiger.	
chatten	Wenn man sich im Internet unterhält, chattet man.	
t**i**ppen	Sabine tippt den Text in den Computer.	
die S**u**chmaschine, -n	Mit der Suchmaschine kann man im Internet Informationen finden.	
bl**i**tzschnell	Wenn etwas sehr schnell ist, ist es blitzschnell.	

eingeben ▶	Man muss ein Suchwort in die Suchmaschine eingeben.	
der Drucker, -	Mein Drucker ist kaputt. Er druckt nicht mehr.	
die Homepage, -s	Die Homepage unserer Schule hat ein Schüler aus der 10. Klasse gemacht.	
die Institution, -en	Eine Schule ist eine Institution.	
die Privatperson, -en	Man kann auch als Privatperson seine eigene Homepage haben.	
der Link, -s	Links verbinden verschiedene Seiten im Internet miteinander.	
der Hinweis, -e	Ein Link ist ein Hinweis auf weitere Informationen.	
weiter	Weitere Informationen finden Sie auf unserer Homepage!	
anklicken	Mit der Maus klickt man Zeichen auf dem Bildschirm an.	
aufrufen ▶	Über einen Link kann man eine neue Seite aufrufen.	
die Tastatur, -en	Über die Tastatur kann man Buchstaben und Zahlen eingeben.	
die Taste, -n	Die Tastatur hat viele verschiedene Tasten.	
drücken	Beim Schreiben muss man die Tasten drücken.	
der Befehl, -e	Mit der Maus oder über die Tastatur gibt man dem Computer Befehle.	
5a die Sucht, ¨-e	Das Internet kann zu einer Sucht werden.	
virtuell	Im Internet kann man in virtuellen Welten leben.	
die Flucht	Die Polizei sucht den Dieb. Er ist auf der Flucht.	
die Wirklichkeit, -en	Die virtuellen Welten im Internet sind nicht die Wirklichkeit.	
süchtig	Er ist süchtig nach Internetspielen.	

Der Bücherbus – eine Bibliothek auf Rädern

sow**o**hl … als **au**ch	Ich lese sowohl Bücher als auch Zeitschriften.
nicht n**u**r … sondern **au**ch	Ich lese nicht nur Bücher, sondern auch Zeitschriften.
entweder … **o**der	Entweder ich kaufe die Bücher oder ich leihe sie mir aus.
zw**a**r … **a**ber	Ich kaufe zwar oft Bücher, aber meistens leihe ich sie aus.
w**e**der … n**o**ch	Ich lese weder Bücher noch Zeitschriften.

6a die Biblioth**e**k, -en — In einer Bibliothek stehen viele Bücher.

bes**o**nderer, bes**o**nderes, bes**o**ndere — Das ist kein normales Buch. Das ist ein besonderes Buch.

anbieten ▶ — Darf ich Ihnen etwas zu trinken anbieten?

die Z**ei**tschrift, -en — Eine Zeitschrift ist ein gedrucktes Heft mit Fotos und Texten.

die DVD, -s — Wir haben uns einen Film auf DVD angesehen.

die Bibliothek**a**rin, -nen — Die Bibliothekarin arbeitet in der Bibliothek.

sich beschw**e**ren über + A — Die Schüler beschweren sich über den schweren Test.

w**ie**derkommen ▶ — Ich muss jetzt gehen, aber morgen komme ich wieder.

dab**ei**haben ▶ — Hast du die CD mitgebracht? – Ja, ich habe sie dabei.

der L**e**ser, - — Diese Zeitung wird von vielen Leuten gelesen. Sie hat viele Leser.

n**u**tzen — Ich arbeite oft mit dem Computer. Ich nutze ihn sehr oft.

L6

	der **Treffpunkt**, -e	Wo treffen sie sich denn? – Ich kenne den Treffpunkt nicht.
	hindern an + *D*	Seine Krankheit hinderte ihn daran, zur Party zu kommen.
	zahlreich	Hat Nick dir oft geschrieben? – Ja, ich habe zahlreiche Briefe bekommen.
	bedienen	Die Bibliothekarin bedient die Leser.
7	die **Umfrage**, -n	Wir wollen wissen, welche Bücher Jugendliche gern lesen. Deshalb machen wir eine Umfrage.

Mediterrania – ein interkulturelles E-Mail-Suchspiel

8	**interkulturell**	Der Karneval der Kulturen in Berlin ist eine interkulturelle Veranstaltung.
	der **Lerner**, -	Wer etwas lernt, ist ein Lerner.
	die **Erzählung**, -en	In diesem Buch sind viele kurze Erzählungen.
	das **Angebot**, -e	Im Kaufhaus gibt es ein großes Angebot an Waren.
	unbekannt	Ich reise gern in Länder, die ich nicht kenne. Unbekannte Länder interessieren mich.
	das **Interesse**, -n	Manu interessiert sich sehr für Musik. Ihr Interesse an Musik ist groß.
	der **Aufkleber**, -	Manche Leute haben Aufkleber auf ihren Autofenstern.
	die **Kenntnis**, -se	Unser Lehrer weiß viel. Er hat Kenntnisse auf vielen Gebieten.
9	**sperren**	Autos dürfen hier nicht fahren. Die Polizei hat die Straße gesperrt.
10	die **Größe**, -n	In welcher Größe brauchst du das T-Shirt?
Comic	**schenken**	Ich schenke meiner Freundin immer Blumen zum Geburtstag.

LEKTION 7

Berufswünsche

1. der **Architekt**, -en — Ein Architekt entwirft Gebäude und macht Pläne davon.

   der **Automechaniker**, - — Der Automechaniker repariert Autos in der Werkstatt.

   der **Bankkaufmann**, ¨-er/-leute — Peter arbeitet bei einer Bank. Er ist Bankkaufmann.

   die **Bankkauffrau**, -en/-leute — Monika will Bankkauffrau werden.

   der **Verkäufer**, - — Wer in einem Geschäft etwas verkauft, ist ein Verkäufer.

   die **Friseurin**, -nen — Die Friseurin, die mir die Haare geschnitten hat, war sehr nett.

   der **Informatiker**, - — Ein Informatiker arbeitet mit Computern.

   der **Journalist**, -en — Samuel ist Journalist. Früher hat er für eine Zeitung geschrieben und jetzt arbeitet er beim Fernsehen.

   der **Krankenpfleger**, - — Krankenpfleger und

   die **Krankenschwester**, -n — Krankenschwestern arbeiten im Krankenhaus und pflegen kranke Menschen.

   der **Polizist**, -en — Die Polizisten suchen den Dieb, aber sie finden ihn nicht.

   der **Rechtsanwalt**, ¨-e — Rechtsanwälte beraten Menschen und helfen ihnen, ihre Ziele zu erreichen.

2. im **Freien** — Bei gutem Wetter spielen wir im Freien Fußball. Bei schlechtem Wetter spielen wir in der Sporthalle.

   ge**regelt** — Ich habe geregelte Arbeitszeiten. Ich arbeite jeden Tag von 8.00 Uhr bis 17.00 Uhr.

3a. der **Astronaut**, -en — Astronauten wollen den Weltraum entdecken.

   die **Modedesignerin**, -nen — Eine Modedesignerin muss kreativ sein. Sie entwirft Kleider.

die **Ausbildung**, -en	Wer einen Beruf lernen will, muss eine Ausbildung machen.	
be**ru**flich	Was machen Sie beruflich? – Ich bin Tierarzt.	
4 das **Einkommen**, -	Das Geld, das man für seine Arbeit bekommt, ist das Einkommen.	

Abitur – ja oder nein?

5a das Abit**ur**, -e	Das Abitur ist eine Prüfung, die man nach 12 oder 13 Schuljahren machen kann.	
das Gymn**a**sium, Gymn**a**sien	Das Gymnasium ist die Schule, die zum Abitur führt.	
vers**e**tzen	Der Schüler wurde nicht versetzt, weil er schlechte Noten hatte. Er muss die Klasse deshalb wiederholen.	
stud**ie**ren	Wer Lehrer werden will, muss Abitur machen und studieren.	
der Dr**u**ck	Meine Eltern wollen, dass ich das Abitur schaffe. Deshalb machen sie mir großen Druck.	
kl**a**rkommen ▶	Ich habe in der Schule keine Probleme. Ich komme gut klar.	
abmelden	Ich will den Kurs nicht mehr machen. Ich habe mich abgemeldet.	
die Kl**a**ssenarbeit, -en	Auf Klassenarbeiten sollte man sich vorbereiten.	
abgehen von + D ▶	Wer kein Abitur machen will, geht früher von der Schule ab.	
die R**ea**lschule, -n	Die Realschule geht bis zur 10. Klasse.	
die L**e**hre, -n	Eine Lehre ist eine Ausbildung, die man macht, um einen Beruf zu lernen.	
die Ber**u**fsausbildung, -en	Eine Lehre ist eine Berufsausbildung.	
5b die L**ei**stung, -en	Wer fleißig lernt, bringt in der Schule gute Leistungen.	

Schüler unternehmen was!

6a	**unternehmen** ▶	Am Wochenende wollen wir etwas zusammen unternehmen. Vielleicht machen wir einen Ausflug.
6b	das **Internetcafé**, -s	Im Internetcafé kann man gegen Geld im Internet surfen.
	die **Schreibwaren** (Pl.)	Stifte, Papier, Hefte, … sind Schreibwaren.
	programmieren	Ein Informatiker programmiert Computer.
	die **Webseite**, -n	Wenn man im Internet surft, schaut man sich Webseiten an.
	der **Arbeitgeber**, -	Mein Arbeitgeber ist die Firma oder die Person, für die ich arbeite.
	der **Arbeitnehmer**, -	Wer für einen Arbeitgeber arbeitet, ist ein Arbeitnehmer.
	abschließen ▶	Arbeitgeber schließen mit ihren Arbeitnehmern Verträge ab.
	der **Vertrag**, ¨-e	In meinem Arbeitsvertrag steht, wie lange ich bei der Firma arbeite und wie viel Geld ich bekomme.
	der **Kunde**, -n	Wenn man in einem Geschäft oder bei einer Firma etwas einkauft oder bestellt, ist man dort Kunde.
	der **Auftrag**, ¨-e	Firmen bekommen Aufträge von ihren Kunden.
	der **Chef**, -s	Unsere Firma bekommt einen neuen Chef.
	der **Mitarbeiter**, -	Diese Firma hat mehr als 200 Mitarbeiter.
	der **Einblick**, -e	Schüler besuchen eine Firma, um einen Einblick in das Arbeitsleben zu bekommen.
	die **Berufswahl**	Hast du dich schon für einen Beruf entschieden? Hast du schon eine Berufswahl getroffen?

die Übernachtung, -en	Was kostet eine Übernachtung in diesem Hotel?	
die Verpflegung	Die Verpflegung in unserem Hotel war sehr gut. Es gab immer leckeres Essen.	
die Tätigkeit, -en	Die Arbeit in der Firma gefällt mir nicht mehr. Ich suche mir eine neue Tätigkeit.	
das Lernziel, -e	Das Lernziel ist das, was man lernen will oder muss.	

Unser Chef geht in die 10a

7 das Interview, -s	Die Journalistin macht Interviews mit Filmstars.	
der Kollege, -n	Wir arbeiten in derselben Firma. Wir sind Kollegen.	
die Stelle, -n	Sie hat eine Stelle als Bankkauffrau bekommen.	
sich bewerben ▶	Für die Stelle haben sich 50 Leute beworben.	
das Konto, Konten	Als Bankkauffrau ist sie verantwortlich für die Konten der Kunden.	
die Bank, -en	Sie arbeitet bei einer großen Bank mit vielen Kunden.	
überweisen ▶	Man kann Geld von seinem Konto auf ein anderes Konto überweisen.	
hinbringen ▶	Wo bringst du das Geld hin? – Ich bringe es zur Bank.	
und so weiter (usw.)	Im Zoo gibt es Affen, Wölfe, Löwen usw.	
bisher	Bisher hat das Gerät immer gut funktioniert, aber jetzt geht es langsam kaputt.	
weiterführen	Die 8. Klasse hat ein Umweltprojekt begonnen, das jetzt von der 7. Klasse weitergeführt wird.	

mitarbeiten	An diesem Projekt arbeiten alle Schüler der 7. Klasse mit.	
die **Werbung**	Werbung macht man, wenn man etwas verkaufen will.	
die **Region**, -en	Das Emmental ist eine Region in der Schweiz.	
kostenlos	Was kostet das? – Das kostet nichts. Das ist kostenlos.	
werben ▶	Viele Unternehmen werben mit Postern und Prospekten für ihre Produkte.	
der **Kaufmann**, ¨-er/-leute	Ein Kaufmann kauft und verkauft Dinge.	
die **Bewerbung**, -en	Wenn man sich auf eine Stelle bewirbt, schreibt man meistens eine Bewerbung.	
der **Ausbildungsplatz**, ¨-e	An ihrem Ausbildungsplatz lernen junge Leute ihren Beruf.	
der/die **Auszubildende**, -n	Wer eine Ausbildung macht, ist ein Auszubildender.	
der **Azubi**, -s	Auszubildende werden auch „Azubis" genannt.	
die **Zukunft**	Keiner weiß, was in der Zukunft passieren wird.	
sich beschäftigen mit + D	Der Automechaniker beschäftigt sich mit dem Auto.	

15 Fragen für Experten

8 der **Schulabschluss**, ¨-e	Ohne Schulabschluss ist es schwer, eine Arbeit zu finden.	
berufstätig	Wenn man eine Arbeit hat, ist man berufstätig.	
das **Zeugnis**, -se	Am Ende des Schuljahres bekommt man in der Schule ein Zeugnis.	
die **Schulausbildung**, -en	In einer Bewerbung schreibt man auch etwas über seine Schulausbildung.	

	das **Untern<u>e</u>hmen**, -	Fernando leitet ein kleines Unternehmen.
9	das **M<u>o</u>del**, -s	Viele kleine Mädchen wollen Model werden.
	das **Priv<u>a</u>tleben**	Nach der Arbeit beginnt das Privatleben.
	l<u>ä</u>cheln	Bitte Lächeln!
10	**<u>a</u>ngeben** ▶	Geben Sie hier bitte Namen und Adresse an!
	der **V<u>o</u>rschlag**, ¨-e	Er hat vorgeschlagen, ins Kino zu gehen. – Den Vorschlag finde ich nicht gut.
	der **R<u>a</u>tschlag**, ¨-e	Ich habe ein Problem. Hast du einen guten Ratschlag für mich?
	die **<u>Au</u>fforderung**, -en	Ich bin weitergefahren, weil ich die Aufforderung des Polizisten nicht verstanden habe.
	h<u>ö</u>flich	Er hat mich höflich gefragt, ob ich ihm helfen kann.
	die **B<u>i</u>tte**, -n	Es war keine Frage, sondern eine Bitte.
11	die **M<u>ö</u>glichkeit**, -en	Es gibt keine andere Möglichkeit. Es ist nichts anderes möglich.
Comic	das **Caf<u>é</u>**, -s	Die Schüler haben ein eigenes Café.
	der **K<u>e</u>llner**, -	Im Café servieren Kellner das Essen und die Getränke.

LEKTION 8

Schuluniform statt Markenkleidung?

1. **die Diskussion**, -en — Ich habe ständig Diskussionen mit meiner Mutter.

   die Schuluniform, -en — Wenn es an einer Schule eine Schuluniform gibt, tragen alle Schüler die gleiche Kleidung.

   die Markenkleidung — Markenkleidung wird von bekannten Firmen produziert und ist meistens teurer als andere Kleidung.

   der Streifen, - — Der Rock hat schwarze Streifen.

   sich leisten — Die Schuhe sind zu teuer. Ich kann sie mir nicht leisten.

   der Politiker, - — Politiker führen oft Diskussionen.

   fordern — Die Arbeiter wollen mehr verdienen. Sie fordern mehr Geld von den Arbeitgebern.

   sich drehen um + A — Bei Fußballfans dreht sich alles um Fußball.

   ausschließen ▶ — Wird er von seinen Mitschülern ausgeschlossen, weil er keine Markenkleidung trägt?

   der Charakter, -e — Nein, er wird ausgeschlossen, weil er einen schwierigen Charakter hat.

   zählen — Für mich ist nur der Charakter wichtig. Etwas anderes zählt nicht.

   daher/daher — Ich war gestern ohne Jacke draußen. Daher habe ich jetzt Husten.

   der Artikel, - — In einem Kaufhaus werden viele verschiedene Artikel verkauft.

   die Geschwister (Pl.) — Manu hat zwei Geschwister, einen Bruder und eine Schwester.

   auslachen — Schüler, die etwas nicht wissen, werden oft von den Mitschülern ausgelacht.

   wirklich — Das ist wirklich nicht nett von den Mitschülern.

L8

stolz	Nick ist stolz auf seine neuen Schuhe.	
der **Außenseiter**, -	Wenn jemand ausgeschlossen wird, ist er ein Außenseiter.	
abschreiben ▶	Pit hat eine sechs bekommen, weil er von seinem Nachbarn abgeschrieben hat.	
sich verh**a**lten ▶	Die anderen sind böse auf Lisa, weil sie sich blöd verhalten hat.	
w**e**gen + G	Wegen des Regens konnten wir gestern nicht ins Freibad gehen.	
g**e**lten ▶	An unserer Schule gilt es nicht als cool, teure Kleidung zu tragen.	
s**i**cher	Wenn du die Heizung anmachen würdest, wäre es sicher nicht so kalt.	
der/die **A**rbeitslose, -n	Ein Arbeitsloser ist jemand, der keine Arbeit hat.	
die **Uniform/U**niform, -en	Polizisten und Soldaten tragen Uniformen.	
der **U**nterschied, -e	Wenn zwei Dinge gleich aussehen, sieht man keinen Unterschied.	
gebr**au**cht	Kleidung, die schon jemand getragen hat, ist gebraucht.	
beh**au**pten	Nick behauptet, dass seine Schuhe neu sind, aber ich glaube ihm nicht.	
ablehnen	Ben will Maria nicht sehen. Deshalb lehnt er ihre Einladung ab.	

Thema Mode

2 W**e**rt legen auf + A	Mir ist Kleidung wichtig. Ich lege viel Wert auf schöne Kleidung.	
das **Outfit**, -s	Ich finde es wichtig, immer ein perfektes Outfit zu haben.	
be**u**rteilen	Ich finde es nicht gut, Leute nur nach ihrem Outfit zu beurteilen.	
unnötig	Wenn etwas nicht nötig ist, ist es unnötig.	

Persönlicher Kleidungsstil

3 **persönlich** — Das ist meine ganz persönliche Meinung.

der **Kleidungsstil**, -e — Jeder hat seinen persönlichen Kleidungsstil.

beschreiben ▶ — Ich habe ihm dein Outfit genau beschrieben.

zurückhaltend — Marlene ist ein sehr stilles und zurückhaltendes Kind.

ausgefallen — Cleo wird oft wegen ihrer ausgefallenen Kleidung von anderen angesehen.

frech — Sie trägt meistens sehr freche Kleidung.

4a der **Badeschuh**, -e — Wenn kleine Kinder im Meer baden, tragen sie oft Badeschuhe.

altmodisch — Oma trägt immer sehr altmodische Kleider.

schick — Filmstars und Models tragen oft sehr schicke Kleidung.

unpraktisch — Die Tasche ist sehr unpraktisch, weil man sie nicht zumachen kann.

4b der **Schnitt**, -e — Die Jacke hat einen sehr schönen Schnitt.

die **Wolle** — Aus den Haaren von Schafen macht man Wolle.

der **Stoff**, -e — Ich habe mir eine Bluse aus ganz dünnem Stoff gekauft.

der **Kunststoff**, -e — Plastik ist ein Kunststoff.

eng — Margit trägt gern enge Jeans.

Farbtypen

5 der **Typ**, -en — Es gibt verschiedene Typen von Menschen.

die **Fantasie**, -n — Eine Modedesignerin muss viel Fantasie haben.

wechseln	Im Herbst wechseln die Blätter ihre Farbe.	
die Stimmung, -en	Die Party war lustig. Die Stimmung war gut.	
die Tat, -en	Es ist eine gute Tat, anderen Menschen zu helfen.	
der Zustand, ¨-e	Hat sich sein Zustand gebessert? – Nein, er ist immer noch sehr krank.	
die Geduld	Ich kann nicht mehr länger warten. Ich habe keine Geduld mehr.	
die Offenheit	Jugendliche zeigen meist eine größere Offenheit gegenüber neuen Erfindungen als ältere Leute.	
die Fröhlichkeit	Angela ist bei allen wegen ihrer Fröhlichkeit beliebt.	
die Gesellschaft	Sina fühlt sich in Gesellschaft ihrer Freundinnen wohl.	
türkis	Türkis ist eine Farbe zwischen Blau und Grün.	
das Laub	Im Herbst wird das Laub der Bäume bunt.	

Billig einkaufen und Gutes tun!

7 das Schnäppchen, -	Eine Sache, die man ganz billig gekauft hat, ist ein Schnäppchen.	
das Paradies, -e	Das Paradies ist ein Ort, an dem man alles findet, was man sich wünscht.	
der/die Angestellte, -n	Diese Bank hat über hundert Angestellte.	
die Arbeitslosigkeit	Wenn viele Leute ohne Arbeit sind, ist die Arbeitslosigkeit hoch.	
arbeitslos	Wer keine Arbeit hat, ist arbeitslos.	
untereinander	Die Geschwister teilen die Schokolade untereinander auf.	
finanziell	Wer viel Geld hat, dem geht es finanziell gut.	

	das **B**u̱**ndesland**, ¨-er	Deutschland hat 16 Bundesländer.
	so̱lcher, so̱lches, so̱lche	Solche Sachen kaufe ich nicht.
	sozia̱l	Hohe Arbeitslosigkeit führt zu sozialen Problemen.
	die **Fabri̱k**, -en	In Fabriken werden Produkte mit Hilfe von Maschinen in großen Mengen hergestellt.
	das **Bi̱oprodukt**, -e	Bioprodukte sind gesünder als andere Lebensmittel.
	der **Verka̱uf**, ¨-e	Durch den Verkauf meines Fahrrades habe ich etwas Geld verdient.
8	der **Pu̱lli**, -s	Ein Pullover ist ein Pulli.
	die **A̱rmbanduhr**, -en	Eine Armbanduhr trägt man am Arm.
9	der **Laptop**, -s	Ein Laptop ist ein kleiner Computer, den man leicht transportieren kann.
	das **Keyboard**, -s	Auf einem Keyboard kann man wie auf einem Klavier spielen.
	der **CD-Spieler**, -	CDs hört man auf einem CD-Spieler.
11	**gewa̱ltig**	In Nordamerika gibt es Wälder mit ganz alten gewaltigen Riesenbäumen.
	bee̱indruckend	Die Pyramiden in Ägypten sind beeindruckend.
	der **Tra̱um**, ¨-e	Wenn man schläft, hat man oft Träume.
Comic	der **Sti̱l**, -e	Cleo trägt immer ausgefallene Kleider. Ihre Kleidung hat einen ganz eigenen Stil.

LEKTION 9

Das leistet der Baum für den Menschen

1 **leisten** — Du hast gute Arbeit geleistet. Das hast du gut gemacht.

kühl — Es war den ganzen Tag sehr heiß. Abends ist es dann etwas kühler geworden.

der Schatten, - — Bei Sonne werfen Bäume einen Schatten.

abhalten ▶ — Die Blätter der Bäume halten die Sonne ab.

die Wurzel, -n — Bäume haben in der Erde Wurzeln.

so dass — Es hat seit Wochen nicht geregnet, so dass die Erde jetzt ganz trocken ist.

der Smog — Der Smog in großen Städten wird durch die Autos verursacht.

das Trinkwasser — Sauberes Wasser, das man trinken kann, ist Trinkwasser.

die Nuss, ¨-e — Im Müsli sind oft Nüsse.

Der Baum spricht

2a **der Dichter, -** — Goethe ist ein berühmter Dichter.

eben — Ich habe gerade eben gegessen.

einnehmen ▶ — Der Arzt hat gesagt, dass du die Medizin dreimal am Tag einnehmen musst.

stimmen — Wenn man Gitarre spielen will, muss man sie zuerst stimmen.

der Schlaf — Manche Leute sprechen im Schlaf.

das Brett, -er — Ein Brett ist ein langes, flaches Stück Holz.

der Griff, -e — Dieses Messer hat einen Griff aus Holz.

Bäume in der Stadt

3 der **Gärtner**, - Ein Gärtner baut Pflanzen an und pflegt sie.

der **Ast**, ¨-e Ein Baum hat viele Äste.

angenehm Am Mittelmeer ist das Klima sehr angenehm.

verbrennen ▶ Wenn man Papier ins Feuer wirft, verbrennt es.

schlucken Im Wald ist es ruhig, weil die Bäume den Lärm schlucken.

der **Asphalt** Straßen werden mit Asphalt bedeckt, damit die Autos besser fahren können.

Verkehrsprobleme

4a der **Fußgänger**, - Wer zu Fuß geht, ist ein Fußgänger.

unpünktlich Wenn man zu spät kommt, ist man unpünktlich.

der **Stau**, -s Bei Ferienbeginn gibt es auf den Autobahnen oft lange Staus.

die **Geschwindigkeitsbeschränkung**, -en Hier darf man nicht schneller als 30 km/h fahren.

der **Radweg**, -e In Deutschland gibt es viele Radwege.

4b **dagegen** Ich finde das nicht gut. Ich bin dagegen.

Fahrradunfälle von Kindern

5 die **Ursache**, -n Ich weiß nicht, warum das passiert ist. Ich kenne die Ursache nicht.

die **Vorfahrt** Wenn man Vorfahrt hat, darf man zuerst fahren.

die **Grafik**, -en Statistiken werden oft als Grafiken dargestellt.

die **Schuld**	Wer ist verantwortlich für diesen Unfall? Wer hat Schuld?	
losfahren ▶	Wenn die Ampel grün wird, dürfen die Autos losfahren.	
das **Ze**hntel, -	¹/₁₀	
be**a**chten	Oft passieren Unfälle, weil Radfahrer oder Autofahrer die Verkehrszeichen nicht beachten.	
attrakt**i**v	Das ist ein attraktives Angebot. Das kann man fast nicht ablehnen.	
6 **zu**nehmen ▶	Es gibt immer mehr Unfälle. Die Unfälle nehmen zu.	
der **Schu**tzhelm, -e	Radfahrer sollten ihren Kopf mit einem Schutzhelm schützen.	
der H**e**lm, -e	Motorradfahrer müssen immer einen Helm tragen.	
die Verl**e**tzung, -en	Ein Schutzhelm schützt vor Verletzungen am Kopf.	
abnehmen ▶	Die Unfälle sind weniger geworden. Sie haben abgenommen.	
obw**oh**l	Obwohl er einen Schutzhelm trug, hat er sich am Kopf verletzt.	

Wasser ist Leben

7 das S**ü**ßwasser	Trinkwasser ist Süßwasser.	
die Mill**i**arde, -n	1 000 000 000	
verm**u**ten	Ich weiß nicht genau, ob er noch kommt, aber ich vermute, dass er nicht mehr kommt.	
die Dr**i**tte Welt	In der Dritten Welt müssen viele Menschen hungern.	
m**i**ndestens	Ich trinke mindestens zwei Liter am Tag. Weniger trinke ich nie.	
d**u**rchschnittlich	Jeder Mensch braucht durchschnittlich 1,5 Liter Wasser pro Tag.	

8	die **Spülmaschine**, -n	Mit einer Spülmaschine spült man Geschirr.	
	tropfend	Er repariert den tropfenden Wasserhahn.	

Die Zukunft unseres Planeten

9a	der **Planet**, -en	Die Erde ist ein Planet. Weil es auf ihr so viel Wasser gibt, wird sie auch der Blaue Planet genannt.	
	die **Atmosphäre**	In der Atmosphäre gibt es Sauerstoff.	
	(sich) **erwärmen**	Wenn etwas wärmer wird, erwärmt es sich.	
	der **Nordpol**	Der Nordpol ist der nördlichste Punkt der Erde.	
	der **Südpol**	Der Südpol ist der südlichste Punkt der Erde.	
	schmelzen ▶	Eis schmilzt in der Sonne.	
	der **Meeresspiegel**	Diese Stadt liegt 350 Meter über dem Meeresspiegel.	
	versinken ▶	Wenn man einen Stein ins Wasser wirft, versinkt er.	
	austrocknen	Wenn ein Fluss kein Wasser mehr hat, trocknet er aus.	
	fischen	Ich gehe jeden Sonntag zum Fischen, aber oft fange ich nur wenige Fische.	
	die **Wüste**, -n	Eine Wüste ist ein Gebiet, in dem es fast kein Wasser gibt und wo fast keine Pflanzen wachsen.	
	der **Urwald**, ¨-er	In Urwäldern kann man viele seltene Tier- und Pflanzenarten finden.	
	das **Unwetter**, -	Bei einem Unwetter gibt es oft Sturm und starken Regen.	
	deswegen	Gestern war ich krank und bin deswegen nicht zur Schule gegangen.	

9b sicherlich	In 10 Jahren werden sicherlich mehr Menschen auf der Erde leben als heute.	
natürlich	Natürlich komme ich zu deiner Party! Das ist doch klar!	
auf jeden Fall	Sarah will auf jeden Fall zur Party gehen.	
auf keinen Fall	Sie will auf keinen Fall zu Hause bleiben.	
möglicherweise	Möglicherweise kommt Michael auch mit zur Party, aber das ist noch nicht ganz sicher.	
wahrscheinlich	In den Nachrichten wurde gesagt, dass es morgen wahrscheinlich regnet.	
annehmen ▶	Ich nehme an, dass die Party bei Regen nicht stattfindet.	
fürchten	Ich fürchte, dass es morgen keine Party geben wird.	
hoffen	Ich hoffe, dass es morgen nicht regnen wird.	
11a das Aquarium, Aquarien	Ich habe zu Hause ein Aquarium mit Fischen.	
die Quittung, -en	Wenn du einkaufst, bekommst du von der Kassiererin eine Quittung.	
faxen	Über die Telefonleitung kann man Briefe faxen.	
die Büchse, -n	Eine Büchse ist eine Dose.	
Comic melden	Im Fernsehen werden schwere Erdbeben in China gemeldet.	
der Umweltverschmutzer, -	Wer Abfälle im Wald liegen lässt, ist ein Umweltverschmutzer.	
reden	Alle reden vom Umweltschutz, aber keiner tut etwas.	

LEKTION 10

Wie denkt ihr über Noten?

1a **bestrafen** — Der Vater bestraft das Kind für sein freches Verhalten.

unangenehm — Die Situation war mir unangenehm. Ich wollte so schnell wie möglich weg.

intelligent — Das ist ein sehr intelligentes Kind. Es lernt sehr schnell.

leiden können ▶ — Ich mag unseren Musiklehrer gern. Ich kann ihn gut leiden. Aber unsere Sportlehrerin kann ich gar nicht leiden.

der Wert — Wenn etwas einen hohen Wert hat, ist es sehr wertvoll.

die Fähigkeit, -en — Papageien haben die Fähigkeit zu sprechen.

überzeugt — Er ist überzeugt, das Richtige zu tun. Er ist ganz sicher, dass er das Richtige tut.

1b **pro** — Machen Sie bitte eine Pro-Kontra-Liste.

kontra

zustimmen — Ich habe die gleiche Meinung wie du. Ich stimme dir zu.

2 **die Nachhilfe** — Michael ist in Mathe nicht gut, deshalb hat er zweimal in der Woche Nachhilfe.

erwarten — Er erwartet, dass seine Noten durch die Nachhilfe besser werden.

die Lerntechnik, -en — Ein Wörternetz zu malen, ist eine Lerntechnik.

3a **gerecht** — Ein Lehrer muss gerecht sein, wenn er den Schülern Noten gibt.

die Prüfungsaufgabe, -n — Bei der letzten Abitur-Prüfung waren einige Prüfungsaufgaben sehr schwer.

	die **Reihenfolge**, -n	Ordne die Wörter alphabetisch. Bringe sie in eine alphabetische Reihenfolge.
	fair	Der Fußballer wird bestraft, weil er nicht fair gespielt hat.
3b	normal	Es ist nicht normal, wenn nachts die Sonne scheint.
	die **Prüfungsangst**, ¨-e	Ich habe viel gelernt, aber wegen meiner Prüfungsangst habe ich in der Prüfung alles wieder vergessen.

Schulabschlüsse an staatlichen Schulen in Deutschland

4	staatlich	Es gibt staatliche und private Schulen.
	die **Hauptschule**, -n	Die Hauptschule geht bis zur 9. Klasse.
	das **Schuljahr**, -e	Nach den Sommerferien beginnt ein neues Schuljahr.
	die **Voraussetzung**, -en	Ohne Abitur kann man nicht an der Universität studieren. Das Abitur ist die Voraussetzung für ein Studium an der Universität.
	das **Studium**, Studien	Ich bin noch nicht fertig mit dem Studium. Ich studiere noch.
	die **Universität**, -en	Wer Arzt werden will, muss an der Universität studieren.
	die **Hochschule**, -n	Universitäten und Fachhochschulen sind Hochschulen.
	die **Fachhochschule**, -n	An der Fachhochschule kann man auch ohne Abitur studieren.
5	der **Klassensprecher**, -	Der Klassensprecher spricht mit den Lehrern über Probleme in der Klasse.

Gefragt

6a	kürzlich	Ich habe erst kürzlich mit ihm gesprochen.
	der **Ausländer**, -	Wenn man nicht im eigenen Land ist, ist man ein Ausländer.

der **Stadt**teil, -e	In diesem Stadtteil sind die Wohnungen sehr teuer.	
das **Vor**urteil, -e	Wenn man etwas nicht kennt, hat man manchmal Vorurteile.	
anfangs	Anfangs war die Party nicht so gut, aber dann ist die Stimmung immer besser geworden.	
halten von + *D* ▶	Wie findest du das? Was hältst du davon?	
übertr**ei**ben ▶	Das kann nicht sein. Ich glaube, du übertreibst.	
nützen	Wenn ich eine Reise nach Deutschland mache, nützen mir meine Deutschkenntnisse viel.	
ausländisch	Produkte, die nicht aus dem eigenen Land kommen, sind ausländische Produkte.	
6b die **Her**kunft	Woher kommt dieses Produkt? – Ich kenne seine Herkunft nicht.	
der **Schul**erfolg, -e	Der Schulerfolg ihrer Kinder ist für die meisten Eltern sehr wichtig.	
die **Zu**kunftspläne (Pl.)	Welche Zukunftspläne hast du? Weißt du schon, was du später mal machen möchtest?	

Kreativität in die Schule

7 die Kreativ**i**tät	Kreativität ist die Fähigkeit, kreativ zu sein.	
der **Tech**niker, -	Dieses Gerät können wir nicht selbst reparieren. Da müssen wir einen Techniker fragen.	
die The**a**terleute (Pl.)	Theaterleute sind Leute, die beim Theater arbeiten.	
der **Fach**mann, ¨-er/-leute	Ein Fachmann ist ein Experte.	
der **Com**puterfachmann, ¨-er/-leute	Ein Computerfachmann ist ein Experte auf dem Gebiet der Computer.	

die **Sch__u__lleiterin**, -nen	Was macht eine Schulleiterin? – Sie leitet eine Schule.	
bes**te**hen in + D ▶	Das Problem besteht darin, dass er nicht mit uns zusammenarbeiten will.	
die **Pr__a__xis**	Der Azubi lernt in der Schule die Theorie und in der Firma die Praxis.	
die **Kant__i__ne**, -n	Die Schüler essen mittags in der Schulkantine.	
der **L__ei__stungssportler**, -	An den Olympischen Spielen können nur Leistungssportler teilnehmen.	
der **Spr__u__ng**, ¨-e	Auf einem Trampolin kann man hoch springen. Man kann hohe Sprünge machen.	
das **K__u__nstwerk**, -e	Ein Bild von Picasso ist ein Kunstwerk.	
die **Galer__ie__**, -n	In einer Kunst-Galerie kann man Bilder anschauen.	
sich **k__ü__mmern** um + A	Die Mutter kümmert sich um das Baby.	
Comic **h__a__lten** zu + D ▶	Ich halte immer zu dir. Ich bin immer da, wenn du mich brauchst.	
l__ü__gen ▶	Du lügst! Es stimmt nicht, was du sagst.	
die **Str__a__farbeit**, -en	Wer den Unterricht stört, wird vom Lehrer bestraft und muss eine Strafarbeit machen.	
b__au__en auf + A	Auf mich kannst du bauen. Ich halte immer zu dir.	
vertr__au__en	Ich kann dir nicht mehr vertrauen. Du hast zu oft gelogen.	

füreinander	Sie interessieren sich füreinander.
umeinander	Sie kümmern sich umeinander.
voneinander	Sie lernen voneinander.
zueinander	Sie halten zueinander.

die **Sch__u__lleiterin**, -nen — Was macht eine Schulleiterin? – Sie leitet eine Schule.

LEKTION 11

Zusammenleben

1a **wöchentlich** — Was jede Woche passiert, passiert wöchentlich.

die **Lektüre**, -n — Eine Lektüre ist etwas, das man liest.

der **Roman**, -e — Ich habe einen spannenden Roman gelesen.

die **Pommes** (Pl.) — Pommes werden aus Kartoffeln gemacht.

das **Hähnchen**, - — Pia isst am liebsten Hähnchen mit Pommes.

die **Soße**, -n — Tobias isst am liebsten Nudeln mit Tomatensoße.

Unsere Clique

2 **sich verlassen** auf + A ▶ — Ich verlasse mich darauf, dass du pünktlich bist.

die **Verantwortung**, -en — Eltern haben die Verantwortung für ihre Kinder.

die **Wahrheit** — Ich weiß nicht, ob er die Wahrheit sagt oder ob er lügt.

verantwortungsvoll — Er ist ein sehr verantwortungsvoller Vater.

zuverlässig — Man kann sich immer auf ihn verlassen. Er ist sehr zuverlässig.

3 **sympathisch** — Ich mag Julia gern. Sie ist mir sehr sympathisch.

unehrlich — Wenn man nicht die Wahrheit sagt, ist man unehrlich.

unsympathisch — Er ist ein sehr unsympathischer Mensch. Ich mag ihn nicht.

tolerant — Es stört ihn nicht, wenn jemand eine andere Meinung hat. Er ist ein toleranter Mensch.

rücksichtsvoll — Wer die Wünsche von anderen beachtet, ist rücksichtsvoll.

großzügig	Er ist sehr großzügig und macht gern Geschenke.	
verständnisvoll	Sie wird dich sicher verstehen. Sie ist ein sehr verständnisvoller Mensch.	
treu	Er ist ein treuer Freund. Auf ihn kann ich mich immer verlassen.	
verschwiegen	Ich bin sicher, dass sie niemandem von deinen Problemen erzählt. Sie ist sehr verschwiegen.	
unfreundlich	Sei doch nicht immer so unfreundlich! Sei mal etwas freundlicher!	
intolerant	Er hat immer Probleme mit anderen, weil er sehr intolerant ist.	
unzuverlässig	Tina ist sehr unzuverlässig. Man kann sich nicht auf sie verlassen.	
rücksichtslos	Wer die Wünsche von anderen nicht beachtet, ist rücksichtslos.	
egoistisch	Wer nur an sich selbst denkt, ist egoistisch.	
verständnislos	Er versteht meine Probleme nie. Er ist immer so verständnislos.	
schwatzhaft	Maria ist total schwatzhaft. Sie erzählt alles weiter.	

Ich gehöre nicht dazu!

4a die **Redaktion**, -en	Mara hat einen Brief an die Redaktion der Schülerzeitung geschrieben.	
unglücklich	Sie hat viele Probleme und ist oft unglücklich.	
dazugehören	Wer nicht dazugehört, ist ein Außenseiter.	
sich lustig machen über + A	Die anderen machen sich immer über Mara lustig und lachen sie aus.	
weiterwissen ▶	Sie weiß nicht mehr, was sie tun soll. Sie weiß nicht mehr weiter.	
bloß	Was habe ich bloß falsch gemacht?	

komisch	Ich verstehe nicht, warum sie sich so komisch verhält.	
färben	Viele Frauen wollen eine andere Haarfarbe und färben sich die Haare.	
die **Streberin**, -nen	Sie wird von ihren Mitschülern ausgeschlossen, weil sie eine Streberin ist.	
4b das **Gespräch**, -e	Wir haben uns gut unterhalten. Es war ein sehr interessantes Gespräch.	
die **Partei**, -en	Die beiden Parteien stritten die ganze Nacht.	
bereit	Ich bin nicht bereit, noch länger hier zu bleiben. Ich gehe jetzt.	
4c **trotz**	Sie sind trotz des schlechten Wetters ins Freibad gegangen.	
der **Ärger**	Wenn ich zu spät nach Hause komme, bekomme ich Ärger mit meiner Mutter.	
der **Konflikt**, -e	Einige Schüler in unserer Klasse mögen sich nicht. Deshalb gibt es oft Konflikte.	
die **Schwierigkeit**, -en	Ich hatte Schwierigkeiten, die Aufgabe zu lösen.	
die **Wut**	Sie war so wütend, dass sie vor Wut einen ganz roten Kopf bekam.	

In Deutschland benutzt man Messer und Gabel

5a die **Gastfamilie**, -n	Ich habe mich sehr gut mit meiner amerikanischen Gastfamilie verstanden.	
katholisch	In Spanien sind die meisten Menschen katholisch.	
evangelisch	Die evangelische Kirche gibt es noch nicht so lange wie die katholische.	
der **Gastschüler**, -	Letztes Jahr hatten wir einen sehr netten Gastschüler aus Frankreich.	

chin**e**sisch	Ein Produkt aus China ist ein chinesisches Produkt.	
bev**o**r	Ich muss mit den Hausaufgaben fertig sein, bevor mein Besuch kommt.	
b**ei**bringen ▶	Der Mathelehrer bringt den Schülern das Rechnen bei.	
sich verst**e**hen ▶	Die beiden verstehen sich gut. Sie sind miteinander befreundet.	
str**e**ng	Mein Vater ist sehr streng. Er bestraft mich oft.	
eher	Er ist nicht sehr groß. Er ist eher klein.	
be**ei**ndrucken	Victor hat sich ein Surfbrett gekauft, um seine Frau zu beeindrucken.	
der Term**i**n, -e	Ich lasse mir morgen die Haare schneiden. Ich habe schon einen Termin beim Friseur.	
b**i**sschen	Es dauert nicht mehr lange. Haben Sie noch ein bisschen Geduld.	
der Sch**ü**leraustausch	Unsere Schule bietet einen Schüleraustausch mit Italien an.	
die F**ei**er, -n	Ein Fest ist eine Feier.	
das H**ei**mweh	Wer längere Zeit nicht zu Hause ist, bekommt oft Heimweh.	
7 in R**u**he lassen ▶	Lass mich in Ruhe!	
Entsch**u**ldigung!	Es tut mir Leid. Entschuldigung!	
8 wesh**a**lb/w**e**shalb	Warum hat er das gemacht? Ich verstehe nicht, weshalb er das getan hat.	
die M**ü**digkeit	Er hat wenig geschlafen und war sehr müde. Aber er ist trotz seiner Müdigkeit zu Janas Party gegangen.	
Comic der **E**hrgeiz	Sein Ehrgeiz ist so groß, dass er immer der Beste sein will.	
die Beg**ei**sterung	Das Publikum war begeistert. Die Begeisterung des Publikums war riesig.	

LEKTION 12

Jugendorganisationen

1a die **Hilfsorganisation**, -en	Das Rote Kreuz ist eine Hilfsorganisation.	
beweisen ▶	Ich glaube dir nicht. Kannst du beweisen, dass das stimmt?	
löschen	Sie haben das Feuer mit Wasser gelöscht.	
die **Erste Hilfe**	Er hat bei dem Unfall Erste Hilfe geleistet.	
die **Anerkennung**	Für seine Leistung hat er viel Anerkennung bekommen.	
das **Zeltlager**, -	Die Pfadfinder machen jeden Sommer ein Zeltlager.	
die **Sporthalle**, -n	Im Sommer gehen die Schüler auf den Sportplatz und im Winter in die Sporthalle.	
das **Sportgerät**, -e		
der **Rettungsschwimmer**, -	Ein Rettungsschwimmer rettet Menschen vor dem Ertrinken.	
ausgebildet	Auf der Schauspielschule wird man zum Schauspieler ausgebildet.	
der **Mittelpunkt**, -e	Fernando steht gern im Mittelpunkt.	
die **Aktivität**, -en	Unser Verein bietet viele verschiedene Aktivitäten an, z.B. Tennis, Zeichnen, Kochen usw.	
die **Meisterschaft**, -en	Die beste Mannschaft gewinnt die Meisterschaft.	
das **Motorboot**/ Mot**o**rboot, -e	Ein Motorboot ist ein Boot mit Motor.	
die **Sauberkeit**	Im Krankenhaus muss es immer sauber sein. Sauberkeit ist für die Kranken sehr wichtig.	
das **Abenteuer**, -	Wenn man etwas Spannendes und Gefährliches erlebt, ist das ein Abenteuer.	

das **Fe̱rienlager**, -	Viele Kinder verbringen ihre Ferien ohne ihre Eltern in einem Ferienlager.	
sich **orientie̱ren**	Mit Kompass und Karte kann man sich in der freien Natur orientieren.	
sich **e̱insetzen** für + A	Tierschützer setzen sich für den Schutz der Tiere ein.	
der **Natu̱rschutz**	Die BUNDjugend setzt sich für den Naturschutz ein.	
das **Semina̱r**, -e	Ein Seminar ist ein Kurs zu einem bestimmten Thema.	
die **Bevö̱lkerung**, -en	Die Bevölkerung der Erde wächst ständig.	
das **Camp**, -s	Ein Zeltlager ist ein Camp.	
die **Überschwe̱mmung**, -en	Letztes Jahr hatten wir viel Regen und daher viele Überschwemmungen.	
te̱chnisch	Wer etwas von Technik versteht, kann technische Probleme lösen.	
a̱ufklären	Wenn man über eine Sache informiert, klärt man auf.	
die **Dro̱ge**, -n	Drogen machen süchtig.	
behi̱ndert	Seit seinem Unfall ist er behindert. Er kann sich nicht mehr richtig bewegen.	
die **Gewa̱lt**	Ich bin gegen jede Art von Gewalt.	
der **E̱insatz**, ¨-e	Diese Arbeit ist nur durch den Einsatz von Computern möglich.	
we̱ltweit	Das gibt es auf der ganzen Welt. Das gibt es weltweit.	
das **Verbo̱t**, -e	Hier ist es verboten zu rauchen. Hier ist Rauchverbot.	
2a **Fe̱uerwehrmann**, ¨-er/-leute	Die Feuerwehrleute haben das Feuer gelöscht.	
a̱nstrengen	Die Arbeit strengt mich sehr an. Sie ist sehr anstrengend.	
ra̱sen	Ein Auto, das sehr schnell fährt, rast.	
wi̱ld	Eine Pflanze, die in der freien Natur wächst, ist eine wilde Pflanze.	

2b **prü̱fen**	In der Abschlussprüfung werden die Schüler in verschiedenen Fächern geprüft.	
tu̱rnen	Im Sportunterricht turnen die Schüler.	
3 das **Pra̱ktikum**, Pra̱ktika	Steffi macht in den Ferien ein Praktikum in einem Reisebüro.	
die **La̱ndwirtin**, -nen	Eine Landwirtin ist eine Bäuerin. Sie arbeitet in der Landwirtschaft.	

Die Rettungshunde des Malteser Hilfsdienstes

4 der/die **Vermi̱sste**, -n	Nach der Überschwemmung hat man viele Menschen nicht mehr gefunden. Es gab viele Vermisste.	
die **Lawi̱ne**, -n	Lawinen sind eine Gefahr für Skifahrer.	
der **He̱lfer**, -	Ein Helfer ist jemand, der hilft.	
der **Hu̱ndeführer**, -	Die Hunde fahren mit ihren Hundeführern zum Einsatzort.	
der **La̱stwagen**, -	Mit einem Lastwagen kann man Waren transportieren.	
me̱nschlich	Denken ist eine menschliche Fähigkeit.	
der **Geru̱ch**, ¨-e	Knoblauch hat einen starken Geruch. Man riecht ihn sofort.	

Deutsche Gesellschaft zur Rettung Schiffbrüchiger

5 der **Se̱emann**, ¨-er/-leute	Auf Schiffen arbeiten Seeleute.	
die **Se̱e**	Das Meer nennt man auch die See.	
die **No̱t**, ¨-e	Wer auf See in Not gerät, ist in Gefahr.	
das **Re̱ttungsboot**, -e	Wenn ein Schiff in Not ist, rettet man die Leute mit Rettungsbooten.	
fre̱iwillig	Diese Arbeit mache ich freiwillig. Ich muss sie nicht machen.	
sowi̱e	Statt „und" kann man auch „sowie" sagen.	

	angestellt	Arbeitnehmer sind bei ihrem Arbeitgeber angestellt.
	die Gründung, -en	Die Stadt wurde 1570 gegründet. Ihre Gründung war 1570.
	lebensgefährlich	Manche Krankheiten sind lebensgefährlich.
	befreien	Dieses Medikament hat mich von meiner Grippe befreit.
	das Fischernetz, -e	Mit einem Fischernetz fängt man Fische.
	weiterfahren ▶	Nach einer kleinen Pause fuhr der Bus weiter.
	alarmieren	Bei Feuer alarmiert man die Feuerwehr.
	der Notruf, -e	Feuerwehr, Polizei und Arzt kann man in einer Notsituation über den Notruf erreichen.
	nachdem	Nachdem er den Arzt gerufen hatte, kümmerte er sich um die Verletzen.
	versorgen	Im Krankenhaus wurden die Verletzen von Ärzten versorgt.
	kühlen	Das verletzte Bein wurde mit Eis gekühlt.
6	packen	Er packt seinen Koffer für die Ferien.
	einschlafen ▶	Ich kann abends schlecht einschlafen.
7a	die Vergangenheit	In der Vergangenheit haben wir viel falsch gemacht. In Zukunft machen wir es besser.
Comic	übernachten	Anna schläft heute Nacht nicht zu Hause. Sie übernachtet bei einer Freundin.
	salzen	In der Suppe fehlt Salz. Du musst sie noch salzen.
	ausgehen ▶	Das Licht ist ausgegangen. Jetzt ist alles dunkel.
	schiefgehen ▶	Ich fürchte, das geht schief.

LEKTION 13

Was bist du für ein Ferientyp?

1 begegnen — Ich kenne ihn nicht. Ich bin ihm noch nie begegnet.

der **Faulenzer**, -

begründen — Kannst du deine Meinung begründen?

los sein ▶ — Auf der Party war nichts los. Es war total langweilig.

hassen — Leute, die man hasst, kann man überhaupt nicht leiden.

das **Risiko**, **Ri**siken — Das ist ein Risiko. Das kann gefährlich werden.

Reiseausrüstung

2 die **Angel**, -n — Mit einer Angel kann man Fische fangen.

der **Pass**, ¨-e — In manche Länder kann man auch ohne Pass reisen.

der **Verbandskasten**, ¨- — In jedem Auto sollte ein Verbandskasten sein.

die **Trinkflasche**, -n — Aus einer Trinkflasche kann man Wasser trinken.

das **Segelboot**, -e — Mit einem Segelboot kann man segeln.

die **Hängematte**, -n — Die Hängematte hängt zwischen zwei Bäumen.

abenteuerlustig — Wer gern Abenteuer erlebt, ist abenteuerlustig.

Jugendreisen und Klassenfahrten

3 der **Aufenthalt**, -e — Lena war ein Jahr in Madrid. Der Aufenthalt dort hat ihr gut gefallen.

die **Vollpension** — Wenn man in einem Hotel alle Mahlzeiten bekommt, hat man Vollpension.

die **Grillparty**, -s	Auf Grillpartys werden Fleisch oder andere Sachen über einem Feuer gegrillt.	
inklusive (inkl.)	Wir müssen das Frühstück im Hotel nicht extra bezahlen. Der Preis ist inklusive Frühstück.	
das **Gästehaus**, ¨-er	In einem Jugendgästehaus können Jugendliche billig übernachten.	
entfernt	Das Gästehaus ist nicht weit entfernt. Es ist ganz in der Nähe.	
die **Stadtrundfahrt**, -en	Auf einer Stadtrundfahrt lernen wir die Stadt kennen.	
die **Besichtigung**, -en	Wir haben eine Kirche besichtigt. Die Besichtigung war sehr interessant.	
die **Umgebung**, -en	In der Umgebung von München sind viele Seen.	
der **Urlaub**, -e	Diese Woche arbeite ich nicht. Ich habe Urlaub.	
die **Piste**, -n	Auf einer Ski-Piste fährt man Ski.	
betreuen	Wer betreut die Kinder im Zeltlager? Wer kümmert sich um sie?	
der **Campingplatz**, ¨-e	Auf einem Campingplatz kann man sein Zelt aufstellen.	
die **Osterferien** (Pl.)	Was macht ihr in den Osterferien?	
verreisen	Wir verreisen in den Osterferien immer.	
die **Abschlussfahrt**, -en	Am Ende der Schulzeit machen viele Klassen eine Abschlussfahrt.	
erfüllen	Du hast viele Wünsche, aber nicht jeder Wunsch kann erfüllt werden.	
verlängern	Wenn man etwas verlängert, macht man es länger.	
die **Berufsschule**, -n	Wer eine Lehre macht, muss auch die Berufsschule besuchen.	

recht sein ▶	Das ist okay für mich. Das ist mir recht.	
das Lehrjahr, -e	Er macht seit mehr als zwei Jahren eine Lehre. Er ist Azubi im 3. Lehrjahr.	
4a je ... desto	Je weniger Hausaufgaben wir haben, desto mehr Freizeit haben wir.	
die Betreuung	Babys kann man nicht allein lassen. Sie brauchen immer Betreuung.	
4b preiswert	Die Übernachtung in einer Jugendherberge ist preiswerter als im Hotel.	
steil	Er klettert auf den steilen Berg.	

Was ist ein Workcamp?

5 das Workcamp, -s	In einem Workcamp wird meistens eine soziale Arbeit gemacht.	
gewöhnlich	Die Geschäfte haben gewöhnlich bis 20.00 Uhr geöffnet.	
der Respekt	Man sollte andere Menschen immer mit Respekt behandeln.	
kulturell	Wenn Kulturen sehr ähnlich sind, gibt es wenig kulturelle Unterschiede.	
die Bezahlung, -en	Er bekommt kein Geld für seine Arbeit. Er arbeitet ohne Bezahlung.	
außer	Außer ihm ist niemand gekommen. Er war der Einzige, der gekommen ist.	
unterbringen ▶	Auf der Klassenfahrt werden die Schüler in einer Jugendherberge untergebracht.	
das Jugendzentrum, -zentren	Die Jugendlichen treffen sich jeden Abend im Jugendzentrum.	
die Bedingung, -en	Wie sind die Arbeitsbedingungen im Workcamp? Unter was für Bedingungen arbeitet man dort?	

In einem Workcamp

6 der **Wanderweg**, -e — Am Fluss führt ein Wanderweg entlang.

anlegen — Sie haben ihren Garten schön angelegt.

der **Spielplatz**, ¨-e — Die Kinder waren den ganzen Tag auf dem Spielplatz.

das **Denkmal**, ¨-er — Die Akropolis ist ein Baudenkmal.

renovieren — Das alte Gebäude muss renoviert werden.

das **Opfer**, - — Menschen, die im Krieg getötet werden, sind Kriegsopfer.

der/die **Einheimische**, -n — Die Einheimischen sind immer sehr nett zu den Touristen.

Internationales Workcamp bei Düsseldorf

7 der **Teich**, -e — Ein Teich ist kleiner und flacher als ein See.

zusammenhängend — Sind das verschiedene Skigebiete? – Nein, das ist ein zusammenhängendes Skigebiet.

der **Bach**, ¨-e — Die Schlaumeier reinigen den Bach.

8 **irgend-** — Ich weiß nicht wie, aber irgendwie werde ich die Prüfung bestehen.

10 **abfahren** ▶ — Ist der Bus schon abgefahren? – Ja, der ist schon weg.

angehen ▶ — Das geht dich gar nichts an. Das ist meine Sache.

11 der/die **Bekannte**, -n — Das ist keine gute Freundin von mir. Das ist nur eine Bekannte.

Comic **gleichaltrig** — Maja ist 13 Jahre alt und Mia auch. Sie sind gleichaltrig.

LEKTION 14

Über sich selbst erzählen

1a die **Staatsangehörigkeit**, -en — Was für eine Staatsangehörigkeit hast du? – Ich habe die Schweizer Staatsangehörigkeit.

2 der **Lebenslauf**, ¨-e — In den Lebenslauf schreibt man alle wichtigen Informationen über sich.

das **Geburtsdatum**, -daten — Das Geburtsdatum gibt an, wann man geboren ist.

die **Grundschule**, -n — In Deutschland geht die Grundschule bis zur vierten oder bis zur sechsten Klasse.

das **Latein** — Ich hatte zwar Latein in der Schule, aber ich kann dir trotzdem nicht bei den Latein-Hausaufgaben helfen.

Das Ferien-Fragespiel

3 der **Speisesaal**, -säle — Die Jugendherberge hat einen großen Speisaal, in dem die Gäste essen können.

besetzt — Ist dieser Platz schon besetzt? – Nein, du kannst dich gern hinsetzen.

verleihen ▶ — Meine Freunde wollen sich immer CDs von mir leihen, aber ich verleihe meine CDs nicht gern.

vegetarisch — Wer sich vegetarisch ernährt, isst kein Fleisch.

der **Student**, -en — Studenten studieren an der Universität oder an einer anderen Hochschule.

Im Gespräch reagieren

4a **einfallen** ▶ — Mir fällt im Moment nichts ein. Hast du eine Idee?

deutlich — Ich verstehe dich nicht. Du musst deutlicher sprechen.

4b die **Prüferin**, -nen — In der Abiturprüfung hatte ich eine sehr strenge Prüferin.

Seine Meinung angeben, begründen

5b die **Ansicht**, -en	Ich bin nicht deiner Meinung. Ich bin anderer Ansicht.	
6 f**au**lenzen	Axel ist furchtbar faul. Er faulenzt den ganzen Tag.	
(sich) kl**ei**den	Ninas Kleidung ist meistens sportlich. Sie kleidet sich gern sportlich.	

Etwas gemeinsam planen, organisieren

7a die **Notiz**, -en	Ich mache mir im Unterricht immer Notizen, damit ich zu Hause noch weiß, was der Lehrer gesagt hat.	
der **Betreuer**, -	Im Ferienlager passen Betreuer auf die Kinder auf.	
einsammeln	Der Lehrer sammelt die Hefte der Schüler ein.	
7b **ei**nverstanden sein ▶	Das ist mir recht. Damit bin ich einverstanden.	
8 die **Fußgängerzone**, -n	In der Fußgängerzone dürfen keine Autos fahren.	
die **Genehmigung**, -en	Ohne Genehmigung dürfen wir den Infostand nicht aufstellen.	
be**a**ntragen	Wir müssen eine Genehmigung beantragen.	
der **Stand**, ¨-e	Der Bauer verkauft sein Gemüse an einem Stand auf dem Markt.	
die **Presse**	In der Presse wurde viel über die Überschwemmungen berichtet.	
abbauen	Wenn man ein Zelt nicht mehr braucht, baut man es ab.	

Über ein Thema sprechen

9a h**a**ndeln von + D	Das Märchen handelt von einem König und einer Königin.	
außergewöhnlich	Ich hatte ein außergewöhnliches Erlebnis.	

9b der **Spr**a**chkurs**, -e	Anna macht einen Sprachkurs, um ihr Deutsch zu verbessern.	
11 die **A**n**zeige**, -n	Anzeigen oder Annoncen sind Texte in	
die **Annonce**, -n (schweiz.)	der Zeitung, in denen etwas bekannt gegeben wird.	
das **V**e**lo**, -s (schweiz.)		
das **Billett**, -e (schweiz.)	Die Schweizer sagen zur Fahrkarte „Billett".	
das **Sp**i**tal**, ¨-er (österr./schweiz.)		
der **M**i**stkübel**, - (österr.)		
der **E**r**dapfel**, ¨- (österr.)		
das **H**e**ndel**, - (österr.)		
das **Poulet**, -s (schweiz.)		
der **Parad**ei**ser**, - (österr.)		
der **B**u**b**, -en (österr.)	Zu einem Jungen sagen die Österreicher „Bub".	
die **Fr**ü**h** (österr.)	„Am Morgen" heißt in Österreich „in der Früh".	
pressie**ren** (schweiz.)	Für „sich beeilen" sagen die Schweizer „pressieren".	
die **Tr**a**m**, -s (österr.)		
das **Tr**a**m**, -s (schweiz.)		
der **R**o**ck**, ¨-e (schweiz.)	Die Schweizer sagen zum Kleid „Rock".	
der **K**a**sten**, ¨- (österr./schweiz.)		
12 **h**e**rkommen** ▶	Kannst du bitte mal herkommen?	
Comic die **T**a**nkstelle**, -n	Benzin bekommt man an der Tankstelle.	
bi**lden**	Kannst du den Plural von „Deutschmobil" bilden?	

Unregelmäßige und gemischte Verben

Hier findest du die mit ▶ gekennzeichneten Verben. In der vierten Spalte sind Verben mit trennbaren Vorsilben oder zusammengesetzte Verben aufgeführt. Wenn sie im Perfekt ein anderes Hilfsverb als die Grundform haben, dann ist dieses in Klammern angegeben.

Infinitiv	3. P. Sg. Präteritum	3. P. Sg. Perfekt	Zusammensetzungen
behalten (behält)	behielt	hat behalten	
beraten (berät)	beriet	hat beraten	
beschreiben	beschrieb	hat beschrieben	
bestehen	bestand	hat bestanden	
beweisen	bewies	hat bewiesen	
sich bewerben (bewirbt)	bewarb	hat beworben	
bieten	bot	hat geboten	anbieten
braten (brät)	briet	hat gebraten	
bringen	brachte	hat gebracht	beibringen, hinbringen, unterbringen
denken	dachte	hat gedacht	nachdenken
entscheiden	entschied	hat entschieden	
entstehen	entstand	ist entstanden	
entwerfen (entwirft)	entwarf	hat entworfen	
erfahren (erfährt)	erfuhr	hat erfahren	
erhalten (erhält)	erhielt	hat erhalten	
erkennen	erkannte	hat erkannt	
ertrinken	ertrank	ist ertrunken	
fahren (fährt)	fuhr	ist gefahren	abfahren, losfahren, weiterfahren
fallen (fällt)	fiel	ist gefallen	einfallen, leicht-/schwerfallen
finden	fand	hat gefunden	herausfinden
frieren	fror	hat gefroren	
geben (gibt)	gab	hat gegeben	abgeben, angeben, eingeben
gehen	ging	ist gegangen	abgehen, angehen, ausgehen, schiefgehen, weitergehen
gelten (gilt)	galt	hat gegolten	
haben (hast, hat)	hatte	hat gehabt	dabeihaben
halten (hält)	hielt	hat gehalten	abhalten, einhalten, Wache halten
kommen	kam	ist gekommen	herkommen, infrage kommen, klarkommen, vorkommen, wiederkommen
können (kann)	konnte	hat gekonnt	leiden können
lassen (lässt)	ließ	hat gelassen	in Ruhe lassen
leiden	litt	hat gelitten	Hunger leiden
lügen	log	hat gelogen	
messen (misst)	maß	hat gemessen	

nehmen (nimmt)	nahm	hat genommen	abnehmen, annehmen, aufnehmen, einnehmen, zunehmen
riechen	roch	hat gerochen	
rufen	rief	hat gerufen	aufrufen
schlafen (schläft)	schlief	hat geschlafen	einschlafen (sein)
schlagen (schlägt)	schlug	hat geschlagen	vorschlagen
schließen	schloss	hat geschlossen	abschließen, ausschließen
schmelzen (schmilzt)	schmolz	ist geschmolzen	
schneiden	schnitt	hat geschnitten	
schreiben	schrieb	hat geschrieben	abschreiben
sehen (sieht)	sah	hat gesehen	ansehen
sein (ist)	war	ist gewesen	einverstanden sein, los sein, recht sein, schuld sein
senden	sendete/sandte	hat gesendet/gesandt	
stehlen (stiehlt)	stahl	hat gestohlen	
sterben (stirbt)	starb	ist gestorben	aussterben
tragen (trägt)	trug	hat getragen	austragen
treiben	trieb	hat getrieben	antreiben
treffen (trifft)	traf	hat getroffen	
tun	tat	hat getan	
übernehmen (übernimmt)	übernahm	hat übernommen	
übertreiben	übertrieb	hat übertrieben	
überweisen	überwies	hat überwiesen	
unternehmen (unternimmt)	unternahm	hat unternommen	
verbinden	verband	hat verbunden	
verbrennen	verbrannte	hat verbrannt	
verbringen	verbrachte	hat verbracht	
sich verhalten (verhält)	verhielt	hat verhalten	
verlassen (verlässt)	verließ	hat verlassen	
verleihen	verlieh	hat verliehen	
vermeiden	vermied	hat vermieden	
verschwinden	verschwand	ist verschwunden	
versinken	versank	ist versunken	
versprechen (verspricht)	versprach	hat versprochen	
sich verstehen	verstand	hat verstanden	
verwenden	verwendete/verwandte	hat verwendet/verwandt	
wachsen (wächst)	wuchs	ist gewachsen	
waschen (wäscht)	wusch	hat gewaschen	abwaschen
werben (wirbt)	warb	hat geworben	
werfen (wirft)	warf	hat geworfen	wegwerfen
wissen (weiß)	wusste	hat gewusst	weiterwissen
ziehen	zog	hat gezogen	vorziehen

Quellennachweis

- Umschlagfoto: Ernst Klett Verlag, Thomas Weccard,
- Seite 45: Foto Keyboard: Getty Images, München (Eyewire)

Alle übrigen Fotos: Jutta Douvitsas und Karl-Heinz Härtel, Müllrose; Eleftherios und Sigrid Xanthos, Athen

Alle übrigen Zeichnungen: Eleftherios Xanthos, Athen

Trotz intensiver Bemühungen konnten nicht alle Rechteinhaber ermittelt werden. Für entsprechende Hinweise ist der Verlag dankbar.